U0627976

现代企业人力资源管理理论及实践策略研究

田素芹 李 娜 张 莹◎著

中国商务出版社

·北京·

图书在版编目（CIP）数据

现代企业人力资源管理理论及实践策略研究 / 田素
芹，李娜，张莹著 . -- 北京：中国商务出版社，2024.
6. -- ISBN 978-7-5103-5269-0

Ⅰ . F272.92

中国国家版本馆 CIP 数据核字第 2024RB1324 号

现代企业人力资源管理理论及实践策略研究

田素芹　李　娜　张　莹　著

出版发行：中国商务出版社有限公司

地　　址：北京市东城区安定门外大街东后巷 28 号　　邮编：100710

网　　址：http://www.cctpress.com

联系电话：010—64515150（发行部）　010—64212247（总编室）
　　　　　010—64515464（事业部）　010—64248236（印制部）

责任编辑：云　天

排　　版：北京盛世达儒文化传媒有限公司

印　　刷：星空印易（北京）文化有限公司

开　　本：710 毫米 ×1000 毫米　　1/16

印　　张：13　　　　　　　　　　字　　数：230 千字

版　　次：2024 年 6 月第 1 版　　　印　　次：2024 年 6 月第 1 次印刷

书　　号：ISBN 978-7-5103-5269-0

定　　价：79.00 元

凡所购本版图书如有印装质量问题，请与本社印制部联系

版权所有　盗版必究（盗版侵权举报请与本社总编室联系）

前　言

　　人力资源是当今企业最重要的资源之一，人力资源管理也成为企业最重要的管理职能之一。在全球化与互联网时代，企业要想在竞争中胜出，并持续发展，必须高度重视人力资源的管理问题。企业的核心竞争力主线是：好的人力资源管理机制、创新能力、效益和可持续发展。没有好的人力资源管理机制就不可能吸引、造就和留住企业所需要的优秀人才；如果抛开人力资源管理机制来谈企业的创新，核心竞争力就会成为无源之水。所以国家升级，首先是人力资源升级，人力资源驱动国家升级。从某种意义上说，人力资源是国家升级的第一资源、第一要素。

　　人力资源是一种特殊的资源，它具有不可替代性和高增值性的特点。如何拥有一支相对稳定、有知识、有能力的人才队伍，是企业发展战略的重要组成部分。本书系统地介绍了人力资源和人力资源管理的基本概念和基础理论，从理论基础出发，结合当前时代发展背景，对人力资源的发展、现代企业人力资源管理规划、人力资源管理职能的转型与优化进行了详细分析，从现代企业人力资源管理的实践方面进行深层次剖析，深入探讨了人力资源面临的诸多重要环节和关键问题以及问题的解决方法。本书语言简洁精炼，内容丰富，以理论结合实际，适合企业管理人员、人力资源管理人员阅读。

　　在编写过程中，为提升本书的学术性与严谨性，笔者参阅了大量的文献资料，引用了一些同行前辈的研究成果，因篇幅有限，不能一一列举，在此一并表示最诚挚的感谢。

　　本书由青州市人力资源和社会保障局田素芹、兖矿能源集团股份有限公司南屯煤矿党委组织科（人力资源科）李娜和兖矿能源集团股份有限公司人力资源服务中心张莹共同撰写。具体编写分工如下：田素芹负责编写本书第一章的内容（共计3万字）；李娜负责编写本书第二章至第四章、第七章（第三节）的内容（共计10万字）；张莹负责编写本书第五章、第六章、第七章（第一节和第二节）的内容（共计10万字）。田素芹负责本书的统稿工作。

　　由于人力资源管理研究涉及的范围比较广，需要探索的层面比较深，作者在编写的过程中难免会存在一些不足，对一些问题的研究不透彻，恳请前辈、同行以及广大读者斧正。

作　者
2024年2月

目　录

第一章

现代企业人力资源管理概述

第一节　人力资源概述

一、资源与人力资源

（一）资源

资源是一个经济学名词，其是为了创造物质财富而投入生产过程中的一切要素的总和。资源包含的要素非常多，一般来说，可以分为自然资源和社会资源两大类，社会资源又包括资本资源、信息资源和人力资源等，如图 1-1 所示。

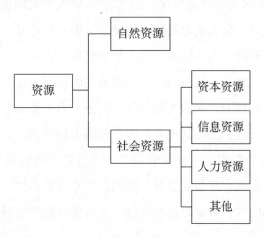

图 1-1　资源的分类

1. 自然资源

自然资源是指自然界中存在的未经人类加工的可用于生产活动的物质，如山川、土地、森林、矿藏。

2. 资本资源

资本资源也是自然物，只是它是经过人类加工的，如用于生产活动的资金、机器、厂房、设备等都属于资本资源。资本并不会被人类直接消费，它只是人类用来创造新的产品与价值的工具。

3. 信息资源

指人类社会信息活动中积累起来的以信息为核心的各类信息活动（信息技术、设备、设施、信息生产者等）的集合。相对于其他资源来说，信息资源具有独特性，这种独特性主要体现在它具有共享性上。

4. 人力资源

"人是宇宙的精华，万物的灵长。"英国著名的文学家莎士比亚的这句话道出了人类的伟大和重要。在所有的资源当中，人力资源是最活跃的，也是最重要的。也正因如此，经济学家将人力资源称为第一资源。

（二）人力资源

自从人类认识到人力资源以来，许多学者对人力资源进行了诸多的研究，并得出了不同的观点。那么人力资源到底是什么呢？综合以往相关的研究，对人力资源可以做如下解释：人力资源是指人类社会所拥有的一切可以利用的人的劳动能力（包括体力、智力）的总和，是一定范围内具有为社会创造物质和精神财富、从事体力劳动和智力劳动的人的总称。企业人力资源是指企业所拥有的全部人员（包括与企业目标相关的其他人）的各种能力的总和。值得一提的是，很多管理学家都将人力资源视为一种无形资产。人力资源有宏观与微观意义上的概念，这两大意义上的概念存在的差异：以国家或地区为单位，人力资源的概念具有宏观意义；以部门和企事业单位为单位，人力资源的概念则是微观意义上的。

二、人力资源的特征

人力资源作为资源的一种，具有资源普遍性的特点，相对于其他资源，人力资源还有其独特性。下面主要对人力资源区别于其他资源的特征进行分析。人力资源的特征有很多，如图 1-2 所示。

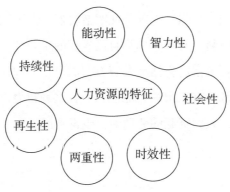

图 1-2　人力资源的七大特征

可以看出，人力资源的特征主要包括能动性、智力性、社会性、时效性、两重性、再生性、持续性，下面分别进行分析。

（一）能动性

人是具有社会意识的，并能够根据自己的意识，积极主动、有目的、有意识地认识与改造世界，并且在认识与改造世界的过程中处于主体地位，这决定了人力资源的能动性，也正是这种能动性使人力资源与其他资源之间存在根本性的差异。

人力资源的能动性特征主要体现在自我强化、自我选择和积极性三个方面。自我强化是指人们具有学习的能力，能够通过学习提高知识和技能水平，从而实现自身素质的发展。自我选择是指人具有选择的意识，能够根据自我需要和实际情况选择职业，通过市场调节，人类主动与各种物质资源相结合。积极性是指人力资源能够积极劳动，并通过积极地劳动不断挖掘自身的潜力，发挥自身的价值。

人力资源的能动性表明，人力资源与其他资源不同，在被开发时并不是完全被动的，而是具有能动性，因此人力资源的开发水平受到其能动性的影响，即具有"可激励性"，要充分发挥人力资源的价值，就要重视人力资源的能动性，采取各种措施，通过激励不断调动人力资源的积极性。

（二）智力性

人力资源具有智力性特征。人与动物都依靠自然界提供的各种资源生存，但动物只是靠本能来顺应自然，人则是在改造自然。人类正是靠着智力从自然界中获得各种生产生活资料，并将其作为自己生存的手段和工具，不断扩大自身的能力，从而创造更多更丰富的生活生产资料，满足自身和社会发展的需要。由于智力的存在，人力资源具有无限的可能性，而且这种智力也是连续性的，随着智力的不断开发和增强，人力资源的劳动能力也得到增强。

（三）社会性

人生活在一定的社会中，受到社会中各种因素的影响，自然具有了社会性的特征。不同的民族、不同的组织存在于不同的地域中，形成了不同的文化和社会习惯，不同民族和组织的人，受到所处时空的社会、文化、时代的影响，产生成了巨大的差异，这种差异造成了人力资源质量的不同。来自不同地域的人带有各自的文化和价值取向，体现了不同的社会性，并在生活生产以及交往过程中表现出来。对于企业来说，要重视人力资源的社会性，因此要在人力资源管理中，做好团队建设，将不同人力资源的社会性统一到企业中来，妥善处理人力资源社会性的差异甚至矛盾，协调各方利益，为企业和社会的进步打好基础。

（四）时效性

人力资源的前提是人的存在，存在的人是有生命力的，所以人力资源也是有生命力的，同样地，由于人的生命是有限的，人力资源也具有了时效性的特征。也就是说，人力资源的形成、开发和利用都会受到时间的限制。人是生命有机体，其成长发育以及发展都是有一定的规律和周期的。成长发育期、成年期、老年期是人的生命周期的三大阶段。在这三大阶段中，只有成年期的人才能算现实的人力资源，因为这一阶段的人的体力和脑力都已发展到较高的程度，能够胜任一定的劳动，创造应有价值；而处于成长发育期和老年期的人，前者发育还不够成熟，体力和脑力不足，后者则是体力和脑力衰退，劳动能力丧失，因此都无法创造价值，都不能称为人力资源。人力资源具有时效性，这就要求企业把握好人力资源受时间限制的特点，在遵循人的成长规律的基础上，适时地开发和利用，发挥人力资源的最大价值和作用。

（五）两重性

人在生产的同时也进行着消费，因此人既是生产者，也是消费者。人力资源也具有这种两重性，它既能够创造财富和价值，也需要进行投资。对人力资源的投资决定着人力资源的质量，这种投资包括教育投资、卫生健康投资以及人力资源的迁移投资。人类几乎所有的知识和技能都是出生以后通过接受教育获得的，其劳动能力也是在后天形成并不断提高的，要获得知识、技能和劳动能力，必须付出一定的时间和金钱。人类要参与劳动，必须有健康的身体做保障，这就离不开对卫生健康的投资。人力资源具有能动性，人会根据自己的需要，选择适合自己的职业，因此也需要人力资源迁移的投资。根据舒尔茨（Theodore W.Schultz）的人力资本理论，教育投资、卫生健康投资以及人力资源的迁移投资都属于人力资本的直接成本，而因此错失的就业机会和收入则属于人力资本的间接成本，也就是机会成本。要想获取人力资源，提高人力资源质量，进行投资是必需的，只有进行投资才能获取收益。人力资源的投资也遵循投入产出的规律，而且人力资源的投资具有高增值性。因此，在人力资源管理中，要重视对人力资源的投资，不断提高人力资源的质量，发挥人力资源的更大价值，为社会创造更多的效益。

（六）再生性

资源有可再生资源与不可再生资源之分，作为资源中最重要的人力资源则具有再生性。人力资源的再生性通过两个方面实现。一是人口的再生产；二是劳动力的再生产。人口不断繁衍，人力资源也就不断再生产，这就是人口的再生产。而劳动力的再生产是指人在从事劳动以后，经过一定的休息和能力补充，劳动力会得到恢复，同时，人也可以通过接受教育、培训获得新的劳动能力或技能。在开发和利用人力资源的过程中，要正确认识人力资源的再生性，保证再生过程的顺利实现，并要区分人力资源再生性与可再生资源再生性，重视人类意识与人类活动对人力资源再生性的影响。

（七）持续性

人力资源具有持续性，这种持续性指的是开发的持续性。许多自然资源在经过开发形成产品之后就没有办法再进行开发了，而人力资源则不同。人力资源的使用是一种开发的过程，人力资源质量的提升同样是一种开发的过程，从这一层面上讲，人力资源可以经过多次开发。只要是现实的人力资源，就可以不断地学习知识、提高技能，只要他的职业生涯尚未结束，就可以进行持续开发。目前，全世界都在倡导终身学习，其前提就是人力资源开发的持续性。因此，企业要注重对人力资源的教育培训，不断提高其德才水平。尤其是在科技发展日新月异的新时代，更需要及时地更新、完善人力资源的知识，以顺应时代发展的要求。

三、人力资源的构成

人力资源是由两个方面构成的，分别是数量和质量（见图1-3）。

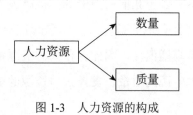

图1-3　人力资源的构成

（一）人力资源的数量

1.人力资源的数量的含义

简言之，人力资源的数量就是劳动力人口的数量，是指一个国家或地区拥有的具有劳动能力的人口资源。从微观意义上，对于一个组织或者单位而言，人力资源的数量就是其员工的数量。而对于一个国家来说，人力资源的数量要通过现实人力资源数量和潜在人力资源数量进行计量。每个国家都有对于本国居民劳动年龄的规定。未成年人和老年人都不算劳动适龄人口，但他们中有一些人也具有劳动能力且正在从事社会劳动，而在劳动适龄人口中，也有一些出于种种原因未能参加社会劳动的人口，在计算人力资源数量时这些都要考虑在内。

2. 影响人力资源数量的因素

影响人力资源数量的因素如图 1-4 所示。

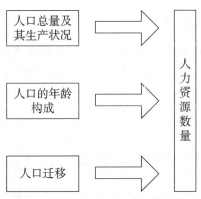

图 1-4　影响人力资源数量的因素

（1）人口总量及其生产状况。劳动力人口的数量决定了人力资源的数量，而作为人口总量一部分的劳动力人口数量，自然受到人口总量的影响，而人口经过再生产会发生数量的变化，这显然也影响着劳动力人口的变化，因此，人口总量及其生产状况决定了人力资源的数量。

（2）人口的年龄构成。并不是有多少人口就有多少人力资源，前面也提到，各国都有关于劳动年龄的划分，虽然存在特殊情况，但不可否认，劳动适龄人口才是人力资源的主体，因此，在人口总量一定的情况下，劳动适龄人口越多，人力资源的数量也就越多。因此，人力资源的数量在一定程度上受到了人口年龄构成的影响。

（3）人口迁移。自从有了人类这种生物，就出现了人口迁移。尤其是在当今全球化的时代，交通发达、便捷，为人口的迁移提供了便利的条件。伴随人口迁移而来的就是人口数量的变化，继而引起人力资源数量的变化，当然，这种变化只是针对迁出地和迁入地而言的，总体上的人力资源数量是不变的。

（二）人力资源质量

1. 人力资源质量的含义

人力资源质量是指人力资源的素质，是人力资源在质上的规定性。具体来说，人力资源质量主要是指人力资源所具有的体质、智力、知识和技能水平以及劳动态度，其通过劳动者的体质、文化、专业技术水平及劳动积极性体现出来。

2. 影响人力资源质量的因素

影响人力资源质量的因素也有三个方面，如图 1-5 所示。

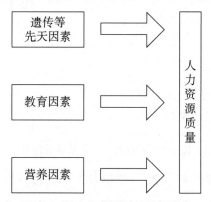

图 1-5　影响人力资源质量的因素

（1）遗传等先天因素。对于人类来说，一出生就具备父母体质和智能的特征，这就是遗传在起作用。人口代系间遗传基因，使这种体质和智能的继承性得以实现，在此基础上，人类还通过变异，不断发展进化。虽然遗传这种先天因素对每个人的影响是很大的，但是人和人之间先天的体质和智力水平差异并不大，而后天各种因素的影响，使这种差异进一步缩小或者拉大。

（2）教育因素。教育是人类社会所特有的现象，是人有目的地、有意识地传授知识和经验的活动。通过接受教育，一个人会获得知识上的丰富、技能上的提高，乃至劳动能力的提升。可以说，人力资源质量的提高，教育是非常重要而且直接的手段。通过接受教育，人力资源的整体素质会获得提高，这也是当今国家注重国民教育、企业注重员工培训的重要原因。

（3）营养因素。人体要想健康成长，离不开科学的营养补充，营养不仅会对人的体质产生重要影响，还会影响其智力水平。身体是革命的本钱，只有具备健康的身体，才能正常学习、工作和生活，也才能成为合格劳动力。因此，要重视营养的均衡，这样才能使人力资源保持一定的质量。

（三）两者的关系

人力资源的数量和质量之间的关系是非常密切的。两者之间的关系如图1-6所示。

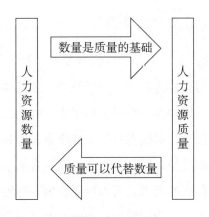

图1-6　人力资源数量与质量的关系

（1）人力资源的数量是人力资源质量的基础。只有拥有一定数量的人口，才能有一定的人力资源，同样，只有先拥有一定数量的人力资源，才能拥有一定质量的人力资源。没有人力资源的数量，人力资源的质量也就无从说起。一个国家只有具备较多数量的人力资源，也才可能有较多高质量的人力资源。

（2）人力资源的质量在一定程度上可以替代人力资源的数量。人力资源数量的多少并不决定人力资源素质的高低，而一个国家或地区的人力资源优势也不是由人力资源数量决定的，人力资源质量的高低决定着人力资源的优劣关键。高质量的人力资源是促进一个国家经济和社会发展的重要力量，一个国家或者地区即便拥有数量较多的人力资源，但是如果质量都不高，也难以赶上拥有数量少但质量高的人力资源的国家或地区的发展。从这层意义上来说，人力资源的质量可以代替人力资源的数量。

四、人力资源的作用

彼得·德鲁克（Peter F. Drucker）是著名的管理学大师，他曾说过："企业只有一项真正的资源：人。"一句话道出了人力资源对一个企业的重要作用。也正是人力资源独特的内涵和特征，决定了人力资源的巨大作用。具体来说，人力资源的作用主要体现在以下方面。

（一）人力资源是最重要的资源

组织是由人组成的，没有了人，组织就没有了存在的基础。组织要想发展只有依靠人的劳动。而劳动能力就是人的价值最主要的体现。一个身体健康、具有职业能力和创新精神，能够主动积极参与工作，并能认同企业文化的人是企业最重要的资源。企业要发展，必须重视员工的职业能力和整体素质，更要重视人本身，企业采取各种激励措施鼓励员工不断提高自身水平，并使其为企业努力奋斗，就是适应市场竞争的根本要求。人力资源作为一种独特的资源，有着自己的意识和思想，具有能动性。人力资源的这种能动性对企业的影响是双重的，如果这种能动性是正向的，人力资源就会积极主动地工作，如果这种能动性是负向的，人力资源则会消极被动，会对企业的发展带来巨大的灾难。因此，企业要认识到人力资源的重要性，不断调动人力资源的积极性，引导人力资源充分发挥其价值。每个企业都有自己的环境和文化，每个企业的人力资源都在这种环境和文化中成长起来，会形成相应的品质和价值观念。企业要想实现自己的目标，需要树立正确的价值观念，并统一人力资源的价值观念，形成良好的企业文化，让人力资源为企业的发展贡献力量，并为社会创造效益。

（二）人力资源是战略性资源

一个企业的生存和发展受到人力资源管理的影响。当今社会已经进入知识经济和信息时代，人类的智力发展逐渐取代以往的财物资源和体力劳动，成为社会经济发展的源泉。计算机技术、人工智能等高科技的快速发展及应用，越来越确定地告诉我们，21 世纪最重要的是人才，尤其是创新型人才，已经成为最重要的、具有战略意义的资源。人力资源具有开发的持续性，具有巨大的质量提升空间，这是其他任何生产要素都无法比拟的。企业的核心竞争力在于企业的知识与技能，而人力资源能够学习这种知识与技能，并对其不断更新和完善，并同组织的人员密切协同，发挥自己的高使用价值。企业要创造良好的工作环境，搞好团队建设，合理调配资源，采取诸多的激励手段，鼓励员工发挥出自己的最大能量，实现自己的发展目标。

（三）人力资源是利润的创造源泉

商品价值有转移价值和附加价值之分。转移价值是指生产要素在构成商品的过程中将其原价值转移到商品的价值中，它不会增加价值，也因此不会产生利润。而商品价值与转移价值的差额部分，是由劳动创造的，是利润的真正来源。企业要想获得较大的利润，就需要商品具有较高的附加价值，这就必须依赖人力资源的质量和结构。各种资源都是有限的，企业都在探索如何用最少的资源获取最大的经济效益，而充分发挥具有低投入、高产出特征的人力资源的作用，已经成为企业的共识。

第二节　人力资源管理概述

一、人力资源管理的概念和特征

（一）人力资源管理的概念

1954 年，管理学大师彼得·德鲁克提出了人力资源的概念，之后就出现了人力资源管理。国内外学者也从不同角度对人力资源管理的概念进行了解释，主要如表1-1所示。

表1-1 国内外对人力资源管理概念的不同阐释

角度	具体阐释
人力资源管理的目的	人力资源管理是借助对人力资源的管理来实现组织目标的活动
人力资源管理的过程或承担的职能	人力资源管理是一个活动过程
人力资源管理的实体	人力资源管理是与人有关的制度、政策
人力资源管理的主体	人力资源管理是人力资源部门或人力资源管理者的工作
综合人力资源管理的目的、过程等方面	人力资源管理是对人力资源的取得、开发、保持和利用等方面所进行的计划、组织、指挥和控制的活动，是通过协调社会劳动组织中的人与事的关系，来充分开发人力资源、挖掘人的潜力、调动人的积极性、提高工作效率、实现组织目标的理论、方法、工具与技术

综合国内外学者对人力资源管理的阐述，可以将人力资源管理定义为企业通过各种政策、制度和管理实践，以吸引、保留、激励和开发员工，调动员工的工作积极性，充分发挥员工潜能，从而促进组织目标实现的管理活动。一般来说，人力资源管理分为宏观意义上的政府对社会人力资源的开发与管理的过程和微观意义上的企业的人力资源管理。

（二）人力资源管理的特征

与物质性资源管理相比，人力资源管理主要具有如下特征。

1.人力资源管理从学科的角度讲，具有明显的综合性

信息管理、财务管理往往与本学科体系的知识有关，而人力资源管理则涉及经济学、社会学、心理学、管理学等多学科，需要借助这些学科的基本理论和相关成果来发展自身的学科理论。

2.人力资源管理活动具有复杂性

人力资源管理活动是人与人之间的交互活动。管理对象的主观能动性，以及人与人之间情感，利益关系的复杂性，使得人力资源管理活动呈现出复杂性。在人力资源管理活动中往往要求管理者不能简单地站在组织的角度思考问题，而

需要站在管理对象的角度思考问题，注意听取管理对象的意见，强化与管理对象的互动，不能用简单的方法处理人力资源管理问题。

3.人力资源管理具有文化性

不同的文化追求会导致组织人力资源管理方式方法的差异性。无论是宏观角度，还是微观角度的人力资源管理，都具有特定的文化取向和人才观念。比如，一些单位特别强调组织的和谐氛围，一些单位特别强调人的能力素质作用，一些单位特别注重分配的公平性，一些单位则特别注重分配的激励性，这些不同的价值观的背后则是这些组织文化特征的差异。因而，不同文化特征的组织，在人力资源管理理念、制度构建和操作上也会表现出一定的差异性。

4.人力资源管理具有发展性

从传统的人事管理发展到以战略为核心的现代人力资源管理，管理的理念和方法在不断变革，人在劳动中的地位越来越得到肯定，有效管理人、充分发挥人的积极性的方式方法也在不断发展变化。就如何评价人而言，传统的是"目测""口试"，随着人才测评技术的不断发展，逐步发展出人才测评的新方法、新技术。因而，需要人力资源管理人员不断学习，提升自己的专业技能水平。

二、人力资源管理的任务和功能

（一）人力资源管理的任务

为有效发挥人力资源管理对组织可能起到的重要作用，组织必须围绕自身的经营发展战略，做好人力资源战略、工作岗位分析、人力资源规划、招聘（招募与甄选）、绩效管理、薪酬管理、培训与开发、劳动关系管理等方面的工作。这些方面正是人力资源管理的专业职能模块，也是人力资源管理部门的职责模块。

1.人力资源战略

组织的人力资源管理活动是围绕组织的使命、愿景、价值观、目标、战略展开的，也应以此确定人力资源战略。人力资源战略决定了一个组织需要一支怎样的人力资源队伍来帮助自己实现战略目标。

2. 工作岗位分析

确定了人力资源战略要素后，组织就需要依据自身的人力资源战略需要设计一个科学合理的组织结构。在设计完成组织结构后，组织还应该确定在每一部门应设置哪几种职位、每种职位应该承担的主要工作职责和任务，以及从事此职位的人需具备的资格条件。这就是工作岗位分析所要完成的工作。

3. 人力资源规划

人力资源规划是指根据组织的战略和内部人力资源状况而制定的人员吸引或排除计划。人力资源规划主要包括对员工在组织内部的流动情况以及流入和流出组织的行为进行预测，根据预测的结果制订相应的人员供求平衡计划，从而恰当地满足组织的未来经营对人的需要。

4. 招聘（招募与甄选）

招聘是指组织通过招聘新员工来填补职位空缺，包括招募和甄选工作。招募所要解决的是如何获得足够数量的求职者供组织筛选的问题，而甄选则是要解决如何从求职者中挑选出适合组织需要的人的问题。

5. 绩效管理

绩效管理不仅是人力资源管理也是整个管理和运营的中心环节。绩效管理体系是能够保证员工个人及群体的工作活动和工作行动对实现组织战略目标起到积极作用的机制。实行绩效管理，需要对组织的经营目标或战略进行细化，把重要目标和关键责任落实到每一层管理人员和普通员工身上，从而保证组织战略真正得到落实和执行。

6. 薪酬管理

薪酬就是员工为组织提供知识、技能、能力及努力等所得到的经济性报酬。薪酬体系的好坏直接影响到员工的工作积极性、工作绩效的完成度以及是否留在该组织。

薪酬管理是一个组织根据其全体员工所提供的服务来制定他们应获得的薪

酬水平和支付形式。在管理过程中，企业应该对薪酬形式、构成、水平及结构、特殊员工群体的薪酬等制定具体决策。

7. 培训与开发

培训与开发是一个组织为了让员工具有完成目前或以后的工作所需的知识、技能，提高员工在目前或以后职位上的工作绩效而进行的一系列有计划的连续性活动。

8. 劳动关系管理

劳动关系管理的目的主要是通过促进组织和员工之间和谐相处从而实现组织目标和长期发展。

（二）人力资源管理的功能

从本质上来看，人力资源管理的功能和职能并不相同，人力资源管理的职能是它所要承担或履行的一系列活动，例如人力资源规划、职位分析、招聘录用等；而人力资源管理的功能是指其自身应该具备或发挥的作用，具有一定的独立性，它的功能是通过职能来实现的。人力资源管理的功能体现在以下五个方面。

1. 获取

进行人力资源管理首先要做的就是获取人力资源。即依据组织目标来确定组织的工作要求和人数等，通过工作分析、人力资源规划、招聘和录用等环节，选拔与目标职位相匹配的任职者。

2. 维持

维持功能主要体现在建立并维持有效的工作关系上。通过进行薪酬、考核和晋升等管理活动，保持企业员工工作的有效性和积极性，维持安全健康的工作环境，从而提升员工对企业的满意度，进而使员工能够安心、满意地投入工作。

3. 整合

整合功能表现在企业可以借助培训教育等手段，实现员工的组织社会化。整合的目的是使员工形成与组织一致的价值取向和文化理念，并使员工逐步成为组织人。具体体现为新员工上岗引导，以及企业文化和价值观的培训。

4. 开发

开发是提高员工能力的重要手段。通过组织内部的一系列管理活动，培养和提高员工的技能和素质，以增强员工的工作能力，并充分发挥员工的潜能，最大限度地实现其个人的价值，使人力资源对组织的发展做出贡献，以达到个人与组织共同发展的目的。

5. 调控

调控功能主要是企业对员工进行公平、合理的动态管理，对员工的工作表现、潜能和工作绩效进行评估和考核，从而为企业做出人力资源奖惩、升降和去留等决策提供依据。具体表现为晋升、调动、工作轮换、离退休和解雇等。

三、人力资源管理的职能与作用

（一）人力资源管理的基本职能及相互间的关系

1. 人力资源管理的基本职能

（1）人力资源规划。这一职能涉及的活动：对组织在一定时期内的人力资源需求和供给做出预测；根据预测的结果制订出平衡供需的计划等。

（2）职位分析与胜任素质模型。职位分析包括两部分：一是对组织内各职位所要从事的工作内容和承担的工作职责进行清晰的界定；二是确定各职位所要求的任职资格，例如学历、专业、年龄、技能、工作经验、工作能力、工作态度等。职位分析的结果一般体现为职位说明书。胜任素质是与特定组织特定工作职位上工作业绩水平有因果关系的个体特征和行为。

（3）员工招聘。这一职能其实包括招募、甄选与录用三部分。招募是企业采取多种措施吸引候选人来申清企业空缺职位的过程；甄选是指企业采用特定的方法对候选人进行评价，以挑选最合适员工的过程；录用是指企业做出决策，确定入选人员，并进行初始安置、试用、正式录用的过程。

（4）绩效管理。就是根据既定的目标对员工的工作结果做出评价，发现其工作中存在的问题并加以改进，包括制订绩效计划、进行绩效考核、实施绩效沟通等活动。

（5）薪酬管理。这一职能所要进行的活动：确定薪酬的结构和水平，实施工作评价，制定福利和其他待遇的标准，进行薪酬的测算和发放等。

（6）培训与开发。包括建立培训体系、确定培训的需求和计划、组织实施培训、对培训效果进行反馈总结等活动。

（7）职业生涯规划和管理。职业生涯规划是指一个人通过对自身情况和客观环境的分析，确立自己的职业目标，获取职业信息，选择能实现该目标的职业，并且为实现目标而制订的行动计划和行动方案。

（8）员工关系。就是企业中各主体，包括企业所有者、企业管理者、员工和员工代言人等之间围绕雇佣和利益关系而形成的权利和义务关系。

2. 人力资源管理基本职能之间的关系

对于人力资源管理的各项职能，应当以一种系统的观点来看待，它们之间并不是彼此割裂、孤立存在的，而是相互联系、相互影响，共同形成了一个有机的系统，如图1-7所示。

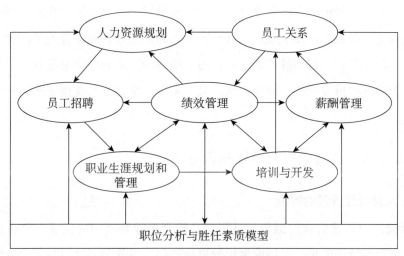

图1-7 人力资源管理职能的关系

在这个职能系统中，职位分析与胜任素质模型是一个平台，其他各项职能的实施基本上都要以此为基础。人力资源规划中，预测组织所需的人力资源数量和质量时，基本依据就是职位的工作职责、工作量、任职资格与胜任素质模型，而这些正是职位分析与胜任素质模型的结果；预测组织内部的人力资源供给时，要用到各职位可调动或可晋升的信息，这也是职位说明书中的内容。进行员工招聘时，发布的招聘信息可以说就是一个简单的职位说明书，而录用甄选的标准则主要来自职位说明书中的任职资格要求与胜任素质模型。绩效管理和薪酬管理与职位分析的关系更加直接，绩效管理中，员工的绩效考核指标可以说完全是根据职位的工作职责来确定的；而薪酬管理中，员工工资等级的确定，依据的主要就是职位说明书的内容。在培训与开发过程中，培训需求的确定也要以职位说明书中的任职资格要求与胜任素质模型为依据，简单地说，将员工的现实情况和这些要求进行比较，两者的差距就是要培训的内容。

人力资源管理的其他职能之间同样也存在着密切的关系，甄选录用要在招聘的基础上进行，没有人来应聘就无法进行甄选；而招聘计划的制订则要依据人力资源规划，招聘什么样的员工、招聘多少员工，这些都是人力资源规划的结果；培训与开发也要受到甄选结果的影响，如果甄选的效果不好，员工无法满足职位的要求，那么对新员工培训的任务就要加重；反之，新员工的培训任务就比较轻。员工关系管理的目标是提高员工的组织承诺度，而培训与开发、薪酬管理则是达到这一目标的重要手段。培训与开发和薪酬管理之间也有关系，员工薪酬的内容，除了工资、福利等货币报酬，还包括各种形式的非货币报酬，而培训就属于其中的一种重要形式，因此，从广义上来讲，培训与开发是薪酬的一个组成部分。

（二）人力资源管理的地位和作用

1.人力资源管理的地位

所谓人力资源管理的地位，是指它在整个企业管理中的位置。要想正确地认识人力资源管理的地位，按照逻辑的思维顺序，首先就要搞清楚人力资源管理和企业管理之间的关系。企业管理，简单地说就是对企业投入和拥有的资源进行有效的管理，实现企业既定目标的过程；而企业投入和拥有的资源是由不同的种类构成的，例如资金资源、物质资源、技术资源、人力资源、客户资源等，因此企业管理也就包括对这些资源的管理。从这个意义上讲，人力资源管理和企业管理之间是一种部分与整体的关系，如图1-8所示。

图1-8 人力资源管理和企业管理的关系

在这个前提下，对于人力资源管理的地位，应当辩证地认识：一方面，要承认人力资源管理是企业管理的组成部分，而且是很重要的一个组成部分；另一方面，也要承认人力资源管理代表不了企业管理，人力资源管理并不能解决企业管理的全部问题。

第一个观点是很容易理解的。我们知道，企业中各项工作的实施都必须依靠人力资源，没有人力资源的投入，企业就无法正常运转。此外，由于人力资源的可变性，它还会影响各项工作实施的效果，而人力资源管理正是要有效地解决上述问题，为企业的发展提供有力的支持，因此它在整个企业管理中居于重要的地位。

至于第二个观点，也不难理解。虽然人力资源管理可以决定企业能否正常地运转，可以影响企业前进的速度，但是企业管理中还有很多问题是人力资源管理解决不了的，例如企业的发展战略问题、企业的营销策略问题等。因此，人力资源管理并不是万能的。

2.人力资源管理的作用

关于人力资源管理的作用，不同的人有不同的看法，但从根本上说，它集中体现在与企业绩效和企业战略的关系上。

（1）人力资源管理和企业绩效。在人力资源管理职能正常发挥的前提下，它将有助于实现和提升企业的绩效，这是人力资源管理的一个重要作用。

此外，我们还可以从另外一个角度来分析人力资源管理和企业绩效之间的关系，如图 1-9 所示。

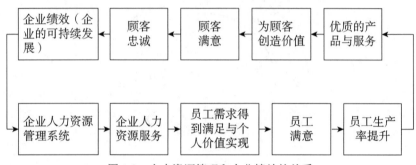

图 1-9　人力资源管理和企业绩效的关系

首先应当明确，企业绩效的实现依赖于顾客的忠诚，没有顾客来购买企业的产品和服务，企业就无法生存和发展，自然也就无法实现自己的绩效。随着生产力水平的不断提高，产品日益丰富，顾客的选择更加多样化，赢得顾客的忠诚对企业来说也变得更加重要。要赢得顾客的忠诚，就必须使顾客满意。而顾客之所以会满意，在很大程度上是因为企业能够为顾客创造价值，也就是为顾客提供了优异的产品与服务。实现这一点就要依赖于员工的工作，没有员工的工作，企业就无法生产出产品和服务；而没有员工高质量的工作，企业就无法提供高质量的产品和服务，没有这些，企业就无法满足顾客的需求，也就无法让顾客满意。这一点在服务性的行业中体现得更加明显，服务性行业向顾客提供的大多是一些服务，这就需要员工直接面对顾客，因此员工的工作会直接影响到顾客的满意度。那么，员工的生产率又受什么因素影响呢？主要是他们的工作满意度，员工的工作满意度会直接影响他们的工作，当工作满意度高时，他们就会更加投入地工作；否则，人力资源的作用就不会完全得到发挥。而员工的满意度又取决于他们的需求是否得到满足，以及个人价值是否得以实现。这在很大程度上依赖于企业提供的人力资源服务，例如公正的绩效考核、具有竞争力的薪酬待遇、有效的培训与开发、良好的员工关系等。因此，企业的人力资源管理体系与企业绩效之间存在密切的关系，人力资源管理的有效实施将有助于实现和提升企业的绩效。

（2）人力资源管理与企业战略。在人力资源管理职能正常发挥的前提下，它还有助于企业战略的实现，人力资源管理的这一作用目前受到了更多企业的重视。战略的实施需要企业各方面资源的共同支持，人力资源自然也在其中，因此人力资源管理的有效进行将有助于企业战略的实现，它们之间的关系可用图1-10表示。

图1-10　人力资源管理和企业战略的关系

当企业战略明确了自己的发展方向之后，各种资源的准备就显得十分重要，没有资源的有效准备，战略的实现无疑是空中楼阁。在资源的准备中，人力资源是很重要的一个方面。一般来说，人力资源的准备可以通过两种途径来实现，一种是从外部招聘，另一种就是内部培养，而这两种途径都是人力资源管理的实践活动。根据企业的战略目标，首先要通过人力资源规划对未来的人力资源需求做出预测，其次依据这种预测通过招聘录用或者培训与开发来进行人力资源的储备，从而为战略的实现奠定坚实的人力资源基础。例如，如果企业的战略定位为通过兼并收购来扩大经营规模，那么它就要借助人力资源规划，通过招聘录用或者培训与开发等手段来储备兼并收购方面的人才，否则，企业战略的实现就无从谈起。

企业战略的实现，资源准备只是外部条件，它还必须得到全体员工的认可，只有员工把企业的战略目标内化为个人目标和行为准则，企业战略的实现才具有内在动力。因此，将企业战略传递给每个员工并得到他们的认同是十分重要的，这个过程也需要人力资源管理实践的支持。可以通过培训，给员工灌输企业的战略意图，提高员工的思想认识，把员工的行为统一到战略目标上来。现代的培训理念也正朝着这个方向发展，培训内容的设计除了知识、技能，还有思想、观念等。此外，还可以通过绩效考核和奖励等方式来传达企业的战略意图，这也是绩效管理和薪酬管理理念的一个发展方向，例如，企业的战略如果是通过服务来获取竞争优势，那么它就可以在员工的绩效考核指标中加重对服务的考核，以此来引起员工的重视；它还可以加大对优质服务的奖励，这样也可以引导员工的行为，传递自己的战略思想。

第三节　企业人力资源管理面临的形势与未来发展

一、人力资源管理面临的形势与挑战

21世纪，人力资源管理在迎来了诸多机遇，同时，也面临着严峻的挑战。劳动力由过剩转向短缺，国家劳动法规的要求，为劳资关系和人力资源管理的转型带来了机遇。当人力资源管理的领导思考如何好好把握这千载难逢的机会时，外部环境也在不断地挑战、重构现在的局面，人力资源管理面临以下的形势与挑战。

（一）科技革命与知识社会

美国未来学家阿尔文·托夫勒（Alvin Toffcer）认为，随着社会的发展，知识的更新速度加快，世界上的知识以成倍的速度增加。在现代社会，每一个人都将面临知识和技能的过时、大量的未知的知识、适应新知识和技术、知识和技术的不断更新、终身教育等问题。

（二）信息社会中劳动与职业的变化

科学技术的发展将人类带入了信息社会。传统的和狭隘的职业培训已不能适应当今社会，要想跟上时代的脚步，不被淘汰，必须拥有扎实的基础和强大的适应能力。

（三）人口增长和变化

目前大多数国家都面临着人口增长的问题，而且随着老龄人口的增加，还面临着人口老龄化以及劳动力短缺的问题。这些都对人力资源的开发提出了新的要求，使人力资源开发与培训的任务变得十分艰巨。

（四）经济对人力资源开发的挑战

近年来，人们已经深刻认识到了教育、人力资源开发与经济的相互作用。经济状况也会影响人力资源开发的前景，这也成为人们的共识。

（五）互联网成为一种新的生活方式

互联网的广泛应用迅速缩短了客户、员工与公司之间的距离，这就使组织结构向扁平化、平台化方向发展，使管理向去行政化、去职能化、去中心化等方向发展，这都会对组织和人力资源管理提出了新的挑战。

（六）顾客个性化的需求

这从根本上改变了工业化时代一味追求规模和效率的局面，使中国传统制造业产生了"集体焦虑"。目前，企业收到的订单批量正变得越来越小，客户的要求也不断提高，这就要求企业具备细分市场，向客户提供更优质的产品和服务以及快速响应的能力。企业在生产过程中以客户为中心，这实际上也是要求每个部门都以客户为中心，一方面，要减少业务部门的工作要求，免去繁杂的职能和流程，让员工能够更加自如、专注地开展业务，从而提升为客户创造的价值；另一方面，要在客户的导向下，急业务部门之所急，想业务部门之所想。

（七）新生代员工的价值观

新生代员工的生长环境与以往大不相同，他们在工作中更注重自我成就，要求工作、生活平衡，漠视权威，要求平等、参与、分享，以及自主、掌控、存在感。在对新生代员工进行管理的过程中，应该从本质上调整管理工作的内容，由原来的计划、组织、领导、控制职能转变为教练、授权、协调、激励等职能。

针对人力资源开发面临的挑战与困难，提出以下对策与建议：积极构建学习型社会。随着工作的日益复杂，许多工作方式发生了改变，人们如果不能适应知识经济时代的要求，不断地更新和丰富自己的知识结构，就可能成为社会发展的负担，产生结构性问题。在这种形势下，构建学习型社会，推动终身学习已成为社会和经济发展的必然趋势和必然选择。增强学员的学习能力，是培养人全面发展的智慧宝库，学生具备了较强的自我教育能力，能自觉地丰富和完善自己。在知识经济时代，知识的更新速度加快，社会变化纷繁复杂，科技发展日新月异，社会发展不断对人才提出新的要求。赋予继续教育、职业教育与普通学历证书同等地位，增强吸引力。针对我国目前就业人口的低学历、低技能问题，必须赋予继续教育与普通学历证书同等地位，课程可相互衔接，以便增强继续教育的吸引力。利用互联网思维来分析组织设计，检查其灵活性、弹性以及对客户的响应速度；利用个性化观念来分析职能流程，检查其是否能够约束资源，是否会增加成本；利用新生代员工的价值观来审视员工管理，检查其是否管理过度，能否让员工体验到工作的意义和乐趣。

二、人力资源管理系统对企业的作用

人力资源系统化管理在企业管理中的应用措施有很多，可以从人才培养制度、人才录用制度以及人才激励制度三方面入手，只要从这三方面进行人力资源管理，经过一段时间后，企业人才管理水平必然会有所提升，进而提高企业经济效益。

（一）人力资源系统化管理在企业管理中的重要性

人力资源管理本身就是企业管理的重要组成部分，而如果能够形成系统化的管理模式，对企业发展来说意义重大。

现代市场竞争越来越激烈，传统的单一的人力管理模式，已经不能适应现代企业的发展，甚至会阻碍企业的发展，特别是在我国加入世界贸易组织以来，各国企业已经进入中国市场，这一阶段的人才管理模式尤为重要。

具体包括两方面：一是人力资源管理的系统化能够促进企业管理水平的提升，企业管理工作的复杂性，决定了不管哪个环节出现了问题都会造成企业管理质量的下降，作为企业管理中重要的人力资源管理，实现系统化的人力资源管理，可以有效地提高企业员工的工作效率。二是人力资源管理系统化能够减少企业人才的流失，导致企业人才流失的因素有很多包括薪金、培训机制、工作环境以及发展前途等。针对这些因素，企业需要为员工提供更多的发展机会，而企业实现人力资源系统化管理，能够掌握每位成员的基本信息，合理进行员工岗位的安排，从而有效减少人才流失。

（二）人力资源系统化管理在企业管理中的应用对策

人力资源管理是企业管理的重要组成部分，实际上，企业人力资源管理并不是一项简单的管理工作，其涵盖的内容非常多，不仅包括聘请员工或者选拔管理人才，还包括员工培训，除此之外，还需要对员工的发展制定规划等，有些企业的员工薪金也由人力资源部门来管理。人力资源管理越正规系统，越有利于发挥企业员工的潜力，激发员工工作的热情，另外，人力资源如果实现了系统化管理，还有助于企业人才资源的合理配置，使企业各个部门有序运转，有效地提高企业管理效率，进而促进企业发展。人力资源系统化管理方式要想在企业管理中获得良好的效果，可以参照以下方法。

1.建立健全人才培养制度

因为企业主要经营项目不一，对人才的素质以及技能要求也不同，所以企业在建立健全人才培养制度时，应该结合自身发展实际，培养目标应该与企业发展目标相统一。人才培养制度的制定不仅要科学、合理，更主要的是体现出人性化，应该考虑到企业员工自身的发展需求。企业在建立健全人才培养制度时，可以从以下几方面入手：

（1）从专业技能培养角度出发，让每一个员工都能够拥有高超的专业技能，在培训时，不仅要对理论知识进行培训，还需要对实际操作能力进行培训，培训期间要抓住重点，尤其是一些重点难点技术，员工高超的专业技能是企业保障产品质量的关键，对企业长久的发展起着巨大的推动作用；

（2）考虑到企业发展的长远目标，无论采用哪种人才培养形式，其最终目的都是促进企业发展，增加企业经济效益，所以人才培养计划不能脱离企业发展目标，既要针对企业发展需求制定短期的人才培养目标，也需要根据企业未来发展方向，制定长远的人才培养目标，以使企业无论处于哪种阶段都有相应的人才做支撑；

（3）采取有效措施，激发企业员工的巨大潜力，企业众多员工中，有能力的人才有很多，只是出于某种原因被埋没，为了充分地挖掘出企业每一位员工的潜力，可以适当地举办竞赛等，也可以举办各种活动，增进员工之间的感情，让每一位员工有归属感，在激发潜能的同时，也能够有效地避免核心员工的流失。

2. 建立健全人才录用制度

人才录用制度是否完善直接关系到企业管理效率的高低，甚至直接影响到企业人才潜能的发挥。企业人力资源管理人员在建立健全人才录用制度时，首先应该做好市场调查，全面把握市场需求信息，并且以此为依据，来安排企业共组岗位，制定相应的人才录用制度。企业人才录用制度一定要规范合理，从企业人才招聘到录用每一个环节都要符合要求坚决不允许出现走后门的情况。如果企业需要普通岗位的人才，在进行招聘时，可以适当简化程序，因为普通岗位对人才的要求不高，具备基本素质即可，所以在招聘时，没有必要过于复杂，简化招聘程序，还能够降低招聘成本。如果企业需要对重要的岗位进行招聘，招聘程序要复杂一些，招聘人员也应该更加重视，要层层的把关，招聘到不仅具备深厚的专业理论知识，还具备高超的专业技能的人才。只有采取这种录用制度，才能真正地选拔出优秀的人才。企业录用制度越正规，被录用者就会越重视这份工作，其工作热情也就越高，所以人力资源系统化管理的关键就是建立健全企业人才录用制度。

3. 建立健全企业人才激励制度

科学有效的人才激励制度，能够提高企业人才的工作热情，进而提高企业员工的工作效率。建立健全企业人才激励制度可以从以下几方面入手：

（1）合理分配生产要素，比如企业必备的资金、管理以及技术等要素，将其进行合理分配时，需要考虑到员工的利益，各个生产要素与员工利益有效结合，使员工全身心地投入工作中，不仅能够有效地提高工作质量，还能够提高工作效率。

（2）利用榜样模范作用，企业可以举办表彰大会，对那些工作业绩突出，一心一意工作的员工进行奖励，以此激励更多的员工努力工作。

（3）制定科学合理的人才管理机制，公正的管理是企业获得民心的关键，人才管理包括很多方面，比如工资管理、考核评价等，尤其是考核评价必须客观，这样才能真正地调动企业员工的积极性，让企业员工信服企业所做出的所有的决策。

三、企业人力资源管理的新发展

随着商业环境进一步的发展，人力资源管理也在不断地变革和创新。人力资源管理的新发展主要体现在以下方面。

（一）战术向战略发展

现代人力资源管理早就不仅仅是由企业的人力资源部门来负责了。应该这么说，现代企业的高层管理者也必须担负起企业人力资源管理的责任，关注各种政策。不少大型企业早已认识到，人力资源管理是针对组织中最重要的资源展开的，所管理的人与其他管理职能互动，在实现组织整体目标的过程中起着重要作用。所以人力资源管理者逐渐从作业性、行政性的事务中解放出来，转变为关系到组织发展和管理者能力提升的战略角色。这种人力资源部规模更小，权力更大，核心任务是通过人来实现战略目标。而在执行层面，更多的是配合CEO 和业务团队，根据战略价值和预期得到的价值，评估、诊断和发展组织。

现在很多企业都会把人力资源纳入人才战略研究当中，从而使人力资源管理在更高的层次上不断发展，更趋于强调战略问题，强调如何使人力资源管理为实现目标做更大的贡献。

（二）以人为本，"能本管理"

人力资源管理随着社会和时代的发展也在不断变化，出现了一些新的管理理论。而传统的管理理论已经难以满足现代化人力资源管理的需求。比较明显的一点就是对人的认识的变化，尤其是当今社会，人的地位越来越重要，在人力资源管理中，对人的因素也更为注重。现在提倡的"以人为本"，就是强调一切活动都要为人的发展服务，从人的需要出发。随着人的地位的提升，人所具有的知识、技能和实践创新能力，也在管理工作中受到重视，这也是"能本管理"的内容。现代企业重视以人为本，"能本管理"，就是尊重人性和规律，充分发挥人的能力，实现企业的目标。

（三）注重创造性激发

企业在复杂的内外部环境中产生、生存与发展，内外部环境的变化决定着企业的生死存亡。企业要想持续发展，必须不断创新变革，以适应不断变化的环境，满足不断更新的需求。可以说，创新是企业的生命线，关系着企业的生死存亡。现代企业都深刻地认识到了这一点，因此将激发人力资源的创造性作为人力资源管理的重要工作。企业要通过人力资源管理，将企业的发展战略潜移默化地传递给员工，并采取各种措施，激发员工劳动的积极性以及创新性，从而充分发挥员工的潜能，为企业的持续发展提供人力资源。

（四）全面薪酬的发展

"80后""90后"成为职场主力，不少"00后"也冲入了职场，员工需求更加多样化，仅靠外在薪酬激励手段已不能吸引和留住员工。公司向员工提供的薪酬应包括"外在"和"内在"两方面，这两方面共同构成了"全面薪酬"。"外在"薪酬指的是公司向受聘者提供的可量化的货币性价值，例如，基本工资、奖金等短期激励薪酬，股票期权等长期激励薪酬，失业保险金、医疗保险等货币性的福利，以及公司的其他各种货币性的开支，如住房津贴、俱乐部成员卡，等等。"内在"薪酬指的是公司向受聘者提供的不能被量化的奖励性价值。例如，对工作的满意度、为完成工作而提供的各种工具、培训机会、舒适的工作环境以及公司对个人的表彰等。

外在薪酬与内在薪酬在人力资源管理中具有不同的功能，二者互相补充，缺一不可。在以往计划经济体制下，若仅强调精神方面的鼓励而忽视物质方面的报酬，会打击员工的工作积极性。改革开放以来在市场经济体制下，若仅注重物质方面的报酬而忽视精神方面的鼓励，从长期发展的角度来看，是有问题的。内在激励和外在激励结合，既重视物质也重视精神，才是长久之道。

（五）人力资本特性突出

随着社会的发展，如今已进入了知识经济时代，知识、信息等成为企业非常重要的资源，这些都属于人力资本，而这些资源发挥作用需要依靠人力，因而更加突显人力资源的重要性。企业人力资源管理的目标，就是注重人的发展，为人创造适宜的工作环境，为员工提供接受培训的机会，不断提升人力资源的综合素质，以实现企业目标与个人价值的统一。因此，对于现代企业来说，人力资本的特性十分突出。

（六）外包趋势日益明显

为了保持对高速发展的外部环境的适应性，很多组织内部的结构和业务模式也在发生变化，为了使组织能够维持较为明快有效的系统和程序，很多企业开始将职位外包。目前比较常见的有两种外包形式，第一种是组织内部保留核心职位，而将一部分基础性工作向社会化的企业管理服务网络转移，比如社保公积金代理、客服等；第二种是指将一些开创性工作交给咨询公司，而不单独聘用一个团队来做，比如战略咨询、人力资源咨询等，这被称为利用外脑来完成工作。他们通常具有企业本身不具备的知识和技能，但是一般是短期行为，长期聘请这样一个团队也不划算。

人力资源外包的实质就是降低管理成本，寻求长久的竞争优势，以达到有效适应外部持续的能力。

（七）细化程度越来越高

随着中国人口红利的消失，公司的人力成本越来越高，很多公司开始考虑如何用较少的人工完成最大量的工作。这就表明原本粗放式的管理已经落伍了，对于为数不多的员工要做到精细化管控，让其在岗位上产生最大的效能。

所以人才和企业间仅仅靠一份劳动合同作为契约是远远不够的。签订劳动合同，一方面要依据劳动法规、市场法则确定员工与企业各自享有的权力，双方的义务和利益。另一方面也要重视员工的心灵建设，共同建立起美好的可共同实现的未来，允许员工在自己的岗位上实现自我；同时企业要关注员工对组织的心理期待与组织对员工的心理期待之间的"默契"值。共同的目标、相似的价值观以及心理上的相互感激，是比薪酬、合同都更加牢靠的纽带。

（八）全球化和信息化

随着科学技术与交通运输的飞速发展，全球化不断深入，企业之间的竞争已经超越国家的界限，成为国际竞争。这就意味着各种资源要在世界范围内进行配置，这为企业的管理，尤其是人力资源管理增加了难度，成为现代企业人力资源管理研究的重要课题。同时，信息化时代的到来，不仅为人力资源管理带来了便利，也带来了挑战，现代企业人力资源管理要抓住时代机遇，推动信息化技术的应用，提高人力资源管理效率，使企业在国际市场上立于不败之地。

第二章

人力资源管理基础理论

第一节　人力资源与人力资源管理

一、人力资源的开发与优化

人力资源开发与优化（Human Resource Development and Optimization）的概念源自 20 世纪 70 年代，后来逐渐被广泛使用，它提倡充分利用人的能力和不断激发人的潜能，从而提高人的整体价值。如今，西方国家许多公司都成立了由最高主管部门参与的人力资源开发中心，或把"人事部门"改作"人力资源开发与管理部门"，以紧密结合生产经营管理活动来培育和用好人才。人力资源开发是一种把人力当作财富的价值观。人力资源开发的内涵则在于发掘人的潜能和提高人的素质与能力。这种理念和思路主张通过一系列的方法和途径来系统地开发人的潜在能力，从而更有效地实现组织和个人的目标。因为认识到"人"是一种可开发，也必须开发的"资源"，就必须改变过去人事部门只是消极地"管住人"的局面。现在，企业认识到必须对人进行培训教育和开发，才能使人不断适应新的环境和目标要求，提高和发挥人的价值。在新技术革命时代，只有充分认识这一点，我们才能在激烈的竞争中，使事业长盛不衰并不断发展。人力资源开发和人力资源管理是同一范畴内的两个概念，彼此各有侧重。一般来说，人力资源开发比较重视员工内在素质和潜能的提高，重视个人内在的个性特征和包括知识结构、观念、气质、能力等在内的综合素质在组织发展的过程中也得到发展。而人力资源管理则比较强调外在组织的需要，把人作为资源进行配置和使用。更进一步地说，组织的成长发展、企业的兴旺发达需要具备有效的员工个人能力开发的机制，使事得其人、人尽其才、才尽其用，这就是人力资源开发的真正含义。人有人的价值，所谓人的价值就是指人的知识、技术、潜力及能力在一定组织条件下的实现程度。各人的性格、能力、气质是不同的，也就是各有所长和所短，若一个企业的管理者和领导者能善于组合应用各人之所长，使他们在各展所长的同时，形成配合默契的协作，则每人的能力和整个组织的工作效率和效益就能超越简单相加的结果，而产生一种价值量的创造性提升。

此外，在实现组织目标的过程中，采取积极的措施，使人与人、人与工作、人与组织之间步调一致，突出发挥优势互补、扬长避短的群体优化机制的作用，则能使企业人力资源的效能处于最佳利用状态。同时，不断引进高质量的人才和经常性地提高现有人力资源综合素质是人力资源开发与优化的一个重要方面。

总之，企业的人力资源管理、开发和优化是一个相辅相成、积极互动的机制。现代社会中，一个企业的兴衰成败，往往取决于这一机制是否能够依托企业组织的系统功能和管理的职能而始终处于良好的运行状态。

二、人力资源管理理念的演进

（一）传统的人事管理阶段的特点

以前生产力发展相对落后，劳动力价格低廉，又缺乏系统的管理理论指导，企业处于因袭管理时期，对人的管理集中于对活劳动消耗的控制，在管理理念上体现出以下特点：

1.因人定酬，随机增薪

（1）把工作年限、个人资格和经历作为确定和增加工资薪金的依据。企业首先考虑员工所担任的工作与其所应具有的资格相适应，从而确定基础工资和薪金，并按工作年限、资历和企业盈利状况增加工资报酬。传统人事管理者认为，员工工作年限越长、资历越久，知识经验就越丰富，对企业贡献也就越大，则其本事、地位和身份，就更应受重视。

（2）企业以工作态度与同雇主的关系作为提升职务的依据。员工职务的提升主要看为雇主卖力的程度及工龄的长短，论资排辈。这种情况下人只安于现状，不多考虑改革和创新，从而影响工作的效率和竞争性组织目标的实现。

2. 少有规章，人治为主

（1）人事管理随意化。企业一切人事管理均以雇主好恶、亲疏为准。雇主及其幕僚、工头集制定规矩与执行章法于一身，"言出法随"，使规矩偏向于任意和僵化两个极端。

（2）把人等同于其他资源，"见物不见人"。对人的管理侧重于指挥和监督。

（3）不重视研究人、关心人的需要。人是活的，是有思想、有感情、有需求的，他们的思想、感情、需求也会随着主客观环境的改变而有所变化，再加上各人有性格、气质、能力方面的差异，因此，企业单纯以繁多、详尽、僵死的法规来处理和解决活的人事问题，是不可能真正取得理想效果的。

3. 纯粹的雇佣关系，缺乏长远眼光

（1）特别强调按劳务市场规则来处理人事问题，程序上未作规定的，实际需要的事也不能办，这样就会严重影响工作实效。

（2）忽视人的培养和能力开发，"养成"方式仅局限于师徒之间的"传、帮、带"。

（3）消极防御，把人事管理工作的重心放在专门处理威胁工作顺利进行的"头痛问题"上，制定各种防范性的规定，缺乏启发人们产生积极行为的措施。

（4）重罚轻奖，致使职工怕受罚而不愿和不敢做没有充分把握的事，缺乏创造性，墨守成规。

（5）多限制、少激励。对职工的行为，多以法规加以严格的限制，缺少必要的激励措施，致使职工对工作处于消极被动状态。

（二）科学管理的人事管理阶段的特点

19世纪末20世纪初，由于社会生产力的发展，机械的广泛应用和动力的改进，过去许多由人工操作的工作逐步改由机器操作，因此，企业不仅生产速度大大加快，还可以昼夜连续运转，使人的劳动效率得到了极大提高。企业产品急剧增加，这又加剧了企业间的激烈竞争。为在销售竞争中取胜，企业往往采取降低产品销售价格的策略；为降低售价企业需要先降低成本，而要降低成本又需先提高工作效率。科学管理就是在这种背景下产生的，并以提高工作效率为其核心。科学管理的技术与方法，不但在工厂、企业中得到了广泛应用，而且被引入机关、学校、医院等各类组织中。

1.制定科学的组织原则

在组织内部，企业根据工作性质、产品种类、工作程序、人员对象和地区范围的相同性及相近性，来划分部门和业务工作单位；根据管理幅度原理和控制的有效性来划分组织的等级层次，形成相对稳定的、等级森严的"金字塔"式的组织结构。

2.重视工作效率和人力配置问题

（1）实现工作的高度专业化。通过动作研究和时间研究，人事管理人员把工作分解为许多简单的专业化操作的动作和程序，使每个工人所掌握的工作方法简单化，熟练程度大大提高，避免了不必要的人力、时间的浪费。最为典型的就是流水生产线。

（2）建立工作考核标准。管理人员对所属的职工在工作上应达到的要求，用书面条款加以规定，并作为考核和衡量工作绩效的依据。

（3）设立工作评价标准。管理人员规定操作程序与定额方法，用以评定员工工作的难易程度及对组织贡献的大小，并根据评定的结果确定岗位工作应具备的条件及应支付的薪金。

3.改进报酬制度

（1）计时工资制。按工作时间的长短给予工资和薪酬，并分为年薪制、月薪制、周薪制、日薪制。

（2）计件工资制。根据所完成的工作件数，支付工资。

（3）职务工资制。根据处理工作所需知识技能、工作繁简及难易程度，制定工资标准。

（4）奖励工资制。根据工作效率的高低和超额劳动的实绩分别支付具有等级差异的奖励性报酬。

4.开始注重对职工的工作业务培训

通过实验，总结出一套科学的操作方法与程序，对职工进行培训，并普遍推广，改进管理者与职工的合作方式以提高工作效率。但是，科学管理并未把人力资源的地位提升到超越其他资源的层面，缺乏发掘其内在价值的动力。在今天看来，其作业导向式管理理念，在对待人的问题上存在明显的不足。

（三）现代人力资源管理阶段的特点

1.人事管理的领域进一步扩大，由人事管理传统的狭隘内涵延伸到整个社会环境

以往的人事管理的研究多限于人事业务本身，所以其视野和思路是有限的、封闭的、与外界隔绝的，这导致处理人事问题治标不治本。现代系统论的观点认为人事管理工作与社会环境有密切关系，要真正解决人事方面存在的问题，必须同时考虑与人事问题和企业目标相关的其他因素。过去的人力资源管理思想把人事工作看作静态的、孤立的，因此把人事制度看作固定不变的，以不变的制度来对付变化着的环境，其效果和负面影响是可想而知的。自系统理论和权变理论形成以来，特别是在人的价值观念不断更新的情况下，动态的人力资源管理思想渐趋成熟。这一思想明确，人事管理会影响到其他因素，而其他因素也会影响到人事管理。由于其他因素经常变化，处理人事工作的程序方法以及原则，也需要经常修正和调整。

2.强调组织的开放性与适应性

重视同社会的交流和联系。现代系统理论认为，组织是社会系统的一部分，它与社会系统相互依赖、不断交流、密不可分。所以组织已从封闭走向开放。组织本身又自成一个具有整体性和目标性的系统，并由四个分系统所组成，即输入分系统（如从组织的外部环境——社会大系统中取得原材料和人力）、技术分系统也叫转化分系统（把原材料加工制成产品）、输出分系统（把加工成的产品输出给社会）、知识和信息分系统（包括处理工作的各种知识和信息）。同时，任何组织都更为重视环境因素。所谓环境，包括政治、经济、文化、人员、技术等，此种环境因素不但是经常变化的，而且对组织有很大影响，所以组织为求得生存和发展，就必须适应变化的环境而不断变革和发展自己的系统。现代管理强调组织的灵活性。所谓组织的灵活性，是指组织目标和组织结构要根据情况的变化而进行调整，组织内部的部门和等级的划分、集权和分权、人员的编制和定额等，都应随着目标的改变而不断修改和调整。这种组织的开放性、适应性和灵活性的观念，较之传统的人事管理，已有很大转变。

3. 人事管理人员的专业化程度不断提高

人事管理从原来的执行性职能拓展到决策咨询、系统规划、战略研究和科学评价等多元职能，人事管理人员绝不是"办事认真者都能胜任得了"的，这就要求管理人员素质不断提高，并向专业化方向发展。只有这样，人事管理人员才能胜任不断发展的现代人力资源管理的艰巨任务。

4. 人事管理的技术与方法的现代化

（1）从定性分析到定量分析。以往的人事管理，一般只进行定性分析，凭领导人和管理者的智慧经验做判断；忽视定量分析，致使所作出的判断较为主观。在人员的选拔和人事的决策方面，定性分析和定量分析相结合，不仅可以避免管理人员的主观片面性，同时也为考核、检验决策的成效提供了客观、切实的标准。

（2）以系统模型来表示各变量之间的关系，以现代管理规范和准则管理人事档案资源。

（3）应用计算机和现代高新技术。计算机应用于人事管理有四个特点：第一，计算机能做快速与可靠的计算，只要数学模型是正确的，计算结果一定正确；第二，计算机能将大量的数据资料存储在体积很小的磁盘中；第三，计算机能从存储的资料中，迅速检索所需资料；第四，计算机利用先进的软件可以迅速形成精确的方案以供决策，大大提高管理效能。计算机应用于人事管理使人事管理工作从手段到理念都进入了一个崭新阶段。

第二节　人力资源战略劳动关系管理

一、劳动关系管理

（一）劳动关系与劳动关系管理

劳动关系，如权利关系和利益关系，是在劳动过程中形成的一种关于劳资主体双方的社会关系，包括以下三方面：①学术建设。劳动关系隶属于社会科学，旨在提升研究的严谨度和高质量，以加深对雇佣关系的理解。②解决实际问题。其主要目的在于确保雇佣关系的良好运行，具有强烈的问题导向，问题解决的主要途径在于宏观上制定管理制度与政策设计，微观上借鉴管理经验。③道德规范。主要指的是员工行为和雇佣关系要在劳动关系较强的规范原则指导下进行，更加凸显员工"人"的属性和人权主义，更加重视劳资双方的相互依存、相互尊重，也更加强调实现员工与组织共同发展这一劳动关系的终极管理目标。

经过长期的积累与沉淀，不同时期的学者提出了不同的关于劳动关系的理论，也开展了一系列相关活动。但从现实层面来讲，直到 20 世纪初，美国才率先提出了劳动关系、人力资源管理等概念。到了 20 世纪 20 年代，经过了劳动关系和人力资源管理概念的缓慢发展期，劳资关系开始在各个领域推广应用，并在之后，将劳动关系和人力资源管理两个概念纳入劳资关系范畴。作为其中的重要组成部分，开始从员工的立场，分析打破产业平衡发展的问题，其重点在于满足员工的实际需求，在平衡工人与雇主力量方面，希望通过谈判来实现目标。20世纪60年代之后，出现了人力资源和人力资源管理概念，并得到了普及和应用，也是在同期，人力资源管理实践和理论的推广，使人力资源管理得以从劳资关系中脱离出来，成为一门与劳资关系平等的单独学科。

（二）劳动关系管理与人力资源管理

1.劳动关系管理与人力资源管理的区分

劳动关系管理与人力资源管理的不同点主要体现在如下方面。

（1）在劳动问题的解决上，人力资源管理的问题解决者是雇主，劳动关系管理则是劳资双方。

（2）在对待雇佣问题上，人力资源管理是内在视角，劳动关系管理是外在视角。

（3）从目标来看，人力资源管理的目标是效益/效率，劳动关系管理则是组织效益/效率与员工福利的结合。

（4）从利益的角度来看，人力资源管理旨在建立雇主与雇员利益共同体，而劳动关系管理则是解决利益冲突。

（5）从冲突的角度来看，人力资源管理认为管理实践可以有效减少冲突，因为冲突具有可避免性，而劳动关系管理则认为冲突具有不可避免性，因而需要借助第三方强制干预。

（6）从管理人员的定位来看，对于人力资源管理而言，它是管理成果的主要贡献者，对于公共关系管理而言，它的存在并不是必要选择，甚至限制着公共关系管理。

社会关系中，劳动者、劳动者的使用人，以及相关组织之间关于劳动力的雇佣关系统称为劳动关系，对劳动关系进行管理主要是从微观角度的企业劳动关系过渡到宏观角度的国家劳动关系管理。

2.劳动关系管理与人力资源管理的联系

雇佣关系的出现与发展，为分析和研究劳动关系管理和人力资源管理提供了三个不同的视角——雇主、员工和社会，并且每个视角都有不同的侧重点。人力资源管理是站在雇主视角，其目的在于为实现企业经营效率和经济效益而寻找问题解决方法。与人力资源管理不同，劳动关系管理是三个视角的结和，它从劳动关系管理的价值出发，提出了客观中立的基本原则。对于劳动关系管理而言，虽然它高度认可雇佣关系的重要主体是雇主，但同时也强调"员工视角"（强调通过工会和集体谈判来调整雇佣关系）和"社会视角"（强调通过社会保障来调整雇佣关系），因此，劳动关系管理具有组织效率的目标性和保护员工合法利益的基本性双重属性。无论是劳动关系管理，还是人力资源管理，都将分析和解决工作场所中的雇佣问题作为目标，因此，在对劳动关系的调整上，二者具有明显的互补作用。

总而言之，雇主、员工和社会三个解决问题的视角的总和就是劳动关系管理，以客观中立为价值出发点；若是以雇主视角来探索问题解决方案，以企业利益的维护为出发点，则是人力资源管理的集中体现。

二、战略劳动关系管理

（一）战略劳动关系管理的原则与价值

1. 战略劳动关系管理的一般原则

战略是企业确保自身运营活动始终保持均衡状态的策略调整，是企业对自身全局性、决定性、可持续发展做出的远大规划，主要表现为企业在竞争环境中的取舍。而战略劳动关系管理是企业采取的有计划、战略性劳动关系部署和管理行为，其目的在于实现企业自身的战略发展目标。战略劳动关系管理要坚持四大基本原则。

（1）夯实利益相关者的战略性地位，因为这是企业提升自身核心竞争优势的重要保障。

（2）使劳动关系管理最优实践系统化，即优化管理政策、实践、方法与手段等构成的战略系统。

（3）提高劳动关系管理最优实践的契合性，主要包括纵向和横向两个维度。

（4）确保劳动关系管理目标的一致性，组织绩效最大化和企业及员工的长远共同发展是劳动关系管理的最终目标，因此要将劳动关系与组织经营系统结合起来。

除此之外，寻求实现有效管理企业劳动关系的方法，以提升竞争优势、提高企业绩效，实现企业和员工长远发展的目标是战略劳动关系管理研究的核心。

2. 战略劳动关系管理的价值观念

在妥善解决战略劳动关系管理研究的核心问题——寻求实现有效管理企业劳动关系的方法，以提升竞争优势、提高企业绩效，实现企业和员工长远共同发展的目标的过程中，要始终坚持两大核心价值观念。

（1）劳资关系的客观存在是劳资双方之间相互依存的内在联系。

（2）和谐劳资关系的基本前提是劳资双方之间的相互尊重。

除了两大核心价值观念，战略劳动关系管理还要遵循"三合"的基本原则。一是合法。合法就是劳动关系管理要在符合国家相关的法律法规的前提下进行。二是合情。合情就是劳资双方相互尊重、相互依存的内在联系是劳动关系管理实践的基础，只有坚持互尊互爱的人本主义，对企业的利益相关者——员工，进行人性化动态管理，才能使企业的平滑性和可预见性得到保证，才能有效化解劳动争议，有效降低劳动冲突概率，推动健康和谐劳动关系的建立。三是合理。合理强调劳动关系管理的科学性，通过提高企业的经济运行效率，使企业的竞争优势更加凸显，从而对组织的可持续发展发挥积极作用。

（二）战略规划中的管理者

1. 高层管理者

从责任归属的层面来讲，高层管理者承担着制定战略规划的责任，这是由错误的战略规划所引发的性质恶劣的连锁反应所决定的，通过寻求有效匹配公司优势和劣势与外部机遇和威胁的方法，来稳定和提升公司的竞争优势是公司战略规划的本质，这是高层管理者不容推卸的责任和使命。同时，高层管理者还享有一定的决策权来明确公司的经营领域，以及依靠什么进行竞争。

2.部门经理

部门经理是公司组织架构中的核心，是公司销售规划、生产计划、人员招募与培养计划等战略规划制定、实施和管理的主要参与者，既承担着辅助高层管理者制定公司整体战略规划和部门年度发展计划的重要职能，更是履行这些职能的主要决策者。

（1）帮助组织制订战略规划。对于任何一位高层管理人员而言，在制定战略规划时忽视下一层级管理人员的意见，都是一种十分不明智的行为。没有人比公司各部门的经理更了解公司所面临的竞争压力、外部供应商的能力、产品和行业发展的趋势，以及员工的能力和关心的问题。在实践中制定战略规划时，公司各级管理人员几乎不可避免地会召开大量会议并开展多次讨论。组织的高层管理人员在很大程度上要依赖这些通过互动所获得的信息来制定公司的战略规划。理解战略管理的过程有助于更好地了解将来应当怎样做好召开讨论会的准备，战略规划的核心是收集公司自身的优势、劣势，以及所面临的机遇和挑战方面的信息。从人力资源的角度，人力资源经理有很好的条件来为公司战略规划的制定提供竞争方面的信息，如有关竞争对手的奖励计划的细节，获取客户抱怨信息的员工意见调查，以及即将实施的劳工立法等方面的信息。当然，人力资源经理还应当掌握公司当前员工的优势和劣势等方面的信息。

（2）制定支持性的职能战略或部门战略。除了帮助高层管理人员制定总体战略规划，人力资源部门管理者还必须将组织所做出的战略选择（如成为创新领袖）转化为职能层面的战略。竞争战略的实现常常有赖于训练有素的、具有较高组织承诺度的员工，而这恰好说明了为什么许多管理者都确信，员工的能力和动机代表了一种不可或缺的竞争优势。可以看出，人力资源也是一种竞争优势。

（3）实施战略。如果说高层管理者在制定战略规划时忽视更低层级上的管理者的建议非常欠妥当，那么没有公司其他各级管理者及员工的积极协助，便不可能确保战略的执行。除非是在规模非常小的公司，否则没有哪个公司的高层管理者可以自己做完所有的事情，他们通常都是在细心把关的情况下，依靠自己的下级管理者来履行计划、组织、人事、领导和控制等方面的职能。

人力资源管理部门为确保战略实施成功，需要做的工作是帮助企业选择高层管理人员团队、确保高层管理者的领导力、与员工就变革问题进行有效的沟通、留住关键人才以及文化统一等。

（三）我国战略劳动关系管理的发展策略

我国的战略劳动关系管理策略就是要走规范有序、互利共赢、和谐稳定的社会主义新型劳动关系道路，就是要从宏观层面上及时对工作重心做出调整，而最重要的一点就是要转变传统管理观念，实现重劳动争议处理的滞后性、轻发挥三方协调机制作用，重劳动关系标准化、轻劳动关系非标准化，重公有劳动关系的调整、轻其他劳动关系的观念向新型劳动关系观念的转变。

优化战略劳动关系管理的发展策略，是我国劳动关系管理发展的必然选择，具体来讲，就是要重点关注影响劳动关系管理的各个细节，如建立、运行、监督、调节等，就是要有序推进完善集体协商工资制、基层劳动关系协调制、工会组织维权机制，就是要健全利益协调机制、矛盾调处机制和权益保障机制，从而从制度上保障中国特色社会主义劳动关系管理体系的建立与创新。

第三节　人力资源管理理论基础与模式

一、人力资源管理的理论

人力资源管理的理论是人力资源管理的科学依据，它为人力资源管理的理论研究和实践活动提供了科学理论指导。现代人力资源管理主要受以下理论的影响。

（一）人力资本理论

人力资本是人们以某种代价获得并在劳动力市场上具有一定价格的能力或技能，是凝聚在劳动者身上的知识、技术、能力和健康，是对人力资源进行开发性投资所形成的可以带来财富增值的资本形式。

人力资本理论随着市场经济的发展不断发展，伴随知识经济和世界经济全球化的到来深化了人们对人力资源的认识。

人力资本理论凸显了人在物质生产中的决定性作用，发现了投资人力资本的价值，对人力资源管理发展为战略性人力资源管理和人力资本管理起到了重要的推动作用。

1.人工成本观念向人力投资观念的转变

随着经济增长方式的转变，人力投资带来的收益超过了其他形态资本的投资收益。企业用于员工发展的费用不再是简单的成本性支出，而是实现增值的投资性支出。

2.企业和员工之间新型关系的建立

人力资本是资本化了的劳动力，具有资本增值性，而且它天然地依附于"人"，属于个人产权范畴。随着人力资本重要性的凸显，员工以人力资本为生产要素更加平等地参与到企业生产活动之中，企业与员工的关系也不再局限于雇佣关系，而是投资合作的伙伴关系。

3.人力资源战略性开发的重要性愈加凸显

一方面，由于凝聚在劳动者身上的知识、技术、能力和健康作为一种资本形式，能为企业带来巨大的收益，企业必须通过开发性投资不断提升员工个人价值以实现企业效益的最大化；另一方面，由于人力资本的所有权和使用权具有高分离性，以及人力资本的生物性和能动性，企业效益实现与员工价值提升之间构成相辅相成的辩证关系。企业在对人力资源进行开发的过程中必须考虑员工个人价值和主观意愿，通过关注员工职业素质的可持续发展达到员工和企业两方面价值共同最大化的目标。

4.股票期权和员工持股等多种激励方式的出现

人力资本的生物性特征及其在社会财富创造中的决定性作用使人力资本持有者在利润分配中的权利得到认可，加之企业和员工之间的关系由雇佣关系向投资伙伴关系转变，股票期权和员工持股等更为接近利益分配核心的激励方式成为可能。

（二）人性假设理论

人性假设是关于人的本质需求的假设，它是管理理论与实践中的重要内容，不同的人性观需要采取不同的管理方法和管理手段。美国行为科学家埃德加·沙因（Edgar H. Schein）在前人研究的基础上对人性假设进行了总结，将其分为如下四种。

1.经济人假设

经济人假设理论认为人是"经济人"或"实利人""唯利人"，它假设人采取行为的动机是满足自己的私利，从本质上看，就是为了获得最大化的经济利益，工作是为了获得物质上的报酬。经济人假设的核心理论主要包括如下几点。

（1）人的本性是不愿意工作的，只要有可能，人就会逃避工作。

（2）由于人的本性是不愿意工作，对于大部分人来说，需要对其进行强迫、控制、指挥，促使他们为了组织的目标去工作。

（3）一般人宁可被别人指挥，总是逃避应负的责任，很少有大的野心，更需要安全感。

（4）人不是理性的，本质上不能自律，容易受到他人的影响，从而改变自己的行为。

（5）一般人工作都是想要满足自身的生理需要和安全需要，只有向其提供金钱和其他物质激励才会提高他们工作的积极性。

采用经济人假设来进行人力资源管理，就会形成严密控制和监督式的管理方式，并会采取"任务管理"的措施，管理更加重视劳动生产率的高低，而忽视了人的精神方面。

2. 社会人假设

社会人又称社交人，社会人假设是由梅奥（Mayo）等人在霍桑实验的基础上提出来的。社会人假设理论认为，人们在工作中受到的物质激励会提高其工作积极性，但也强调人是高级的社会动物，与周围其他人的关系也在很大程度上影响着人的工作积极性。该假设的核心思想为，促使人们投入工作的最大动力是社会和心理需要，而不是经济需要，人们工作的目的是保持良好的人际关系。社会人假设的核心理论主要包括如下几点。

（1）人们工作的主要动机是社交需求，而不是经济需要。社交需求是人类行为的基本激励因素，人际关系是形成人们身份感的基本因素。

（2）从工业革命中延续而来的机械化，使工作变得单调和没有意义，因此必须从工作的社交关系里寻找工作的意义。

（3）与管理者所采用的奖酬和控制相比，员工更看重因工作而形成的非正式组织中的社交关系。

（4）员工对管理者的期望是归属需要、被人接受需要以及身份感需要能被满足。

霍桑实验让更多的管理学家认识到，工人生产积极性和工作效率的提高，不仅与物质因素有关，还与社会和心理因素有关。因此，管理理论的重心也由以前的"以人适应物"转向"以人为中心"，改变了过去层层控制式的管理模式，更加注重提高员工参与决策的积极性。

3. 自我实现人假设

自我实现人假设是根据美国心理学家马斯洛（Abraham H. Maslow）的自我实现理论提出的，它假设人性是善的，只要充分发挥人性的优点，就可以把工作做好。这种假设认为，人都有自我激励与自我实现的要求，人工作的主要动机是自我实现。

自我实现人假设的核心理论主要包括如下几点。

（1）人的动机是由多种动机构成的一个层次系统，包括低级动机和高级动机，最终目的是满足自我实现的需要。

（2）人们想要在工作上有一定的成就，从而实现自治和独立，发展自己的能力和技术，以便适应环境。

（3）人们能进行自我激励和控制，外部的激励和控制会对人构成威胁，从而产生不良影响。

在自我实现人假设理论下，人力资源管理的主要内容是寻找什么工作对什么人最具有挑战性，最容易满足人们自我实现的需求。人有自动的、自治的工作特性，因此制定的管理制度应该保证员工充分发挥他们的才华、积极性和创造性，强调上层管理者应该下放部分权力，从而建立起决策参与制度、提案制度、劳资会议制度，将员工个人的需要与组织的目标结合起来。

4. 复杂人假设

复杂人假设是美国埃德加·沙因教授等人在 20 世纪 70 年代初提出的，他们认为，无论是经济人假设、社会人假设，还是自我实现人假设，都有其合理的一面，但都不适用于一切人。复杂人假设认为，人是复杂的，不能简单地归结为某种类型。一方面，个性因人而异，价值取向也是多种多样的，没有同一的追求；另一方面，同一个人会因环境、条件的不断变化而产生多种多样的需要，各种需要互相结合，形成了动机和行为的多样性。所以复杂人假设并不是指单纯的某一种人，而是指掺杂着善与恶的一种人性。复杂人假设的核心理论主要包括如下几点。

（1）人的工作动机不但复杂，而且变动性很大。每个人都有许多不同的需要，人的动机结构不仅因人而异，而且同一个人的动机也会因时而异。

（2）一个人在组织中可以产生新的需求和动机，他在组织中表现的动机模式是他原来的动机与组织经验交互的结果。

（3）人在不同的组织和团体中会产生不同的动机模式。在正式组织中不能与别人融洽相处的人，在非正式组织中可能会很好地融入进去，从而满足自身的社交需求。在某些复杂的组织中，不同的部门应该采取不同的动机模式来实现其目标。

（4）一个人是否有很大的满足感，是否愿意为组织尽力，与他本身的动机结构和他与组织的关系有关，工作性质、本人的工作能力和技术水平、动机的强弱、人际关系的好坏都可能产生影响。

（5）人们可以利用自己的动机、能力及工作性质对不同的管理方式产生不同的反应，因而并没有一种适合任何时代、任何人的管理方式。

复杂人假设理论的核心是从管理者的角度看待被管理者在工作中的表现，或者说员工在管理活动中表现的人性特征问题。

管理者以他们对人性的假设为依据，然后用不同的方式来组织、领导、控制、激励人们。接受一种人性假设的管理人员会用一种方式来管理，而接受另一种人性假设的管理人员会趋向用另一种方式来管理。例如，有的管理人员认为人不会自主地去努力工作，持这种观点的管理人员会采用严格的控制手段进行管理，以确保员工能够按时上班，并在其监管下工作。有的管理人员认为人会自主地去努力工作，持这种观点的管理人员会更加重视在组织内贯彻民主与参与管理制度，鼓励职工自我约束、自我管理，而不是对他们实行严密的监控。

随着社会的发展，不同的组织和管理者的人性观、价值观的差异，导致所持的人性假设也会表现出一定的差异，但不可否认的是，每个管理者都会有自己的人性假设，并影响着单位的人力资源管理制度和实施效果。

（三）人力资源开发理论

人力资源开发是企业为了促进员工个人成长，提高个人整体素质，实现企业发展战略所组织员工参加的一系列学习活动。通常认为，人力资源开发是一门综合性的理论，它集合了学习理论、系统理论、绩效理论和经济学理论四种基础性理论。

作为人力资源开发研究先躯的美国，从第二次世界大战结束以后，就意识到对劳动力进行培训是提高知识和技能的重要途径。1970 年，首次提出人力资源开发概念，之后美国学者开始不断对人力资源开发领域进行研究。

最开始，学习理论关注的重点是个体的学习行为。为了满足组织发展的需要，伴随人力资源开发的不断推进，人们对该理论重要性的认识也不断加强，关注层面就不再局限于个人而是扩展到整个集体。因此，设计和实施学习活动就需要从满足组织发展需要的角度出发，如此就产生了组织学习理论。建立学习型组织不但能适应变化，还能不断持续更新，创造开拓的组织。

20世纪80年代以来，学习理论不断受到系统理论的影响。该理论认为系统之间应该是相互依存、彼此影响的，各个部分应该为了系统的总体目标而群策群力。将系统理论应用于人力资源开发，就不能单纯将员工看成独立的个体，而应将其视为整个组织中的一部分，其活动的目的就是实现组织的战略目标。

为了实现组织的目标，人力资源开发理论也在不断发展。20世纪80年代后期，斯旺森（Richard A. swanson）在《绩效分析与改进》一书中首次将绩效概念引入人力资源开发中，他认为人力资源开发是员工不断提升个人能力来提高组织绩效的过程。这一重大理论的出现，将原本以"学习"为中心的人力资源开发转变为以"绩效"为中心，认为人力资源开发必须为实现组织目标作出贡献，要围绕组织的绩效要求开展工作。

在人力资本理论中，人被看作一项重要资源，能为组织创造经济价值。而在有限的资源中，要将经济利益发挥到极致，就必须准确计算出该资源的投入以及产出。利用经济学原理可以有效论证投入的合理性，从而指导人力资源开发活动。这就是人力资源开发领域的经济学研究。

综上所述，人力资源开发是一门不断适应社会发展的学科。人力资源开发理论也是在各科理论的延伸发展中逐步建立和完善的。在实践中，人力资源管理若以扎实的基础理论作为员工培训工作的指导，可以大大提高企业的效率。

（四）人本管理理论

人本管理思想产生于20世纪30年代，而真正将其有效运用于企业管理，是在20世纪70年代。人本管理理论是一种新型管理理论与方法，它是一场现代企业管理理论、管理思想和管理理念的革命。

1.人本管理的含义

人本管理是以人为本的管理。它把"人"作为管理活动的核心和企业最重要的资源，尊重个人价值，全面开发人力资源，通过企业文化建设，培育全体员工共同的价值观，运用各种激励手段，提高员工的能力和发挥员工的积极性和创造性，引导员工去实现企业预定的目标。

具体来说，人本管理主要包括：①树立依靠人的全新管理理念；②开发人是人本管理最主要的任务；③尊重人是企业最高的经营宗旨；④塑造人是企业成功的基础；⑤促进人的全面发展是人本管理的终极目标；⑥凝聚人是企业有效运营的重要保证。

2. 人本管理的层次、机制与构成要素

人本管理在企业生产经营实践中呈现多种形态，这些形态可以分为五个层次，即情感管理、民主管理、自主管理、人才管理和文化管理。人本管理的关键在于建立一个完善而有效的管理机制与环境，它包括动力机制、压力机制、约束机制、保障机制、选择机制和环境影响机制六部分。

3. 人本管理的内容

（1）树立以人为本的管理理念。重视人在企业中的地位与作用，把人作为管理的核心和企业最重要的资源来开展经营管理活动。人是管理中最基本的要素，因而对人的本质的基本看法决定了管理的基本指导思想。企业在实际管理活动中，必须树立以人为本的管理理念。一方面重视人的因素在企业中的地位，确立其中心地位；另一方面在人性假设的基础上，分析人的个性、态度和行为特征，认识人的本质或本性。人本管理及由此调动的企业人创造财富和赢利的主动性、积极性和创造性，是维系企业生存和发展的根本。人本管理的劳动经济学原理与人力资源管理研究的核心是关心人本身、人与人的关系、人与工作的关系、人与环境的关系、人与组织的关系，达到"以人为本"的目的和境界。

（2）以激励为主要方式，满足人的需要。从人本管理的角度来看，激励的核心职能是调动员工的工作积极性。通过组织引导、激励，实现个人需要，是以人为本的企业管理本应担当的责任，是人本管理的基本要求和准则。激励的目的是激发人们按照管理要求，按目标要求行事。

（五）激励理论

激励是通过一定的刺激满足被激励者的需要，从而达到增强其内在行为动力的过程。也就是通过一定的刺激使管理对象产生积极行为的过程。

1. 激励理论的主要内容

西方的激励理论主要包括内容型激励理论和过程型激励理论。

内容型激励理论集中研究什么样的因素能够激发动机和行为，也就是研究管理者应该采取什么措施来激励被管理者，以促使其产生积极的行为动机。内容型激励理论的典型代表有马斯洛的需要层次理论、阿德佛（C.P.Alderfer）的生存—关系—成长理论、麦克利兰（David C.Mcclellncl）的成就需要理论、赫茨伯格（F.Herberg）的双因素理论。

过程型激励理论试图解释和描述动机和行为的产生、发展、持续及终止的全过程，它可以清楚地告诉人们为什么员工在完成工作目标时选择某种行为方式，而不是其他行为方式。典型的过程型激励理论包括亚当斯（J.S.Adams）的公平理论，以及布鲁姆（Voom）提出后经波特尔（Porter）和劳勒（Lawer）发展的期望理论。

2. 激励理论对人力资源管理的影响

人力资源管理十分重要的任务是充分调动管理对象的工作积极性，提高其能力素质，以便更好地完成工作任务。而用什么来调动工作积极性？如何来调动管理对象的工作积极性？激励理论提供了非常丰富的内容。

激励理论可以很好地指导对管理对象的绩效管理，促进管理对象提高工作绩效；在薪酬管理中，更好地发挥薪酬的激励功能；在培训中，更好地激发培训对象学习动机，增进培训效果。可以说，激励理论为有效解决人力资源的行为动力问题提供了坚实的理论支撑。

20 世纪末，世界经济环境发生了重大变革。这种变革不仅使组织处于一个更加激烈的竞争环境中，也使人力资源管理面临着巨大挑战。人力资源管理工作如何支持组织战略目标的实现，如何保证组织在快速变化的环境中不断发展并具有持续的竞争优势，成为组织人力资源管理面临的新问题。

二、人力资源管理的模式借鉴

人力资源管理具有民族性，由于各国政治、经济、法律、文化等社会背景不同，其人力资源管理模式也不同。另外，行业和企业不同，人力资源管理模式也会有所不同。美国、日本等发达国家的人力资源管理，在长期的市场经济环境下形成了各具特色的模式。

（一）美国人力资源管理模式特点

美国人力资源管理模式是在19世纪末至20世纪初逐步形成的，它是将管理与开发融为一体的市场化、综合性、开放性的人力资源管理模式。美国人力资源管理模式的特点是，注重市场调节，实施等级化和制度化的科学管理，注重刚性工资体系和劳资关系的对抗性。

1. 人力资源配置的市场化

美国企业经营组织具有强烈的开放性，市场机制在人力资源配置方面起着关键性的作用。企业和员工都有充分的自由选择权利，通过市场机制，实现人与工作的优化配置。作为需求方的企业，其所需的各类人才，可运用市场机制，通过规范的程序招聘；企业的核心人才乃至高层管理者，也会通过猎头公司等专门机构去其他企业"挖掘"；企业过剩人员，则流向劳动力市场。作为供给方的员工，根据劳动力市场信息和市场方式来谋求职业，例如，委托职业中介、阅读招聘广告乃至网上求职等，通过市场来寻找就业机会。

这种配置方式的优点是：通过双向的选择流动，可以实现全社会范围内的个人与岗位之间的最优化匹配。缺点是：组织员工的稳定性差，不利于特殊人力资本的形成和积累。

2. 制度化、计划化和专业化

美国文化的理性主义特征在人力资源管理方面，体现为强调管理的制度化、计划化和专业化。对人力资源管理各个环节的活动和一切问题的处理，都按照制度的规定和事先的计划进行。在人力资源管理体制上体现为分工明确、责任清楚，对常规问题的处理程序和政策都有明文规定。大多数企业的人力资源管理部门都对企业的每一个职位进行工作分析，制定岗位说明书，规定职位的工作责任、工作条件、能力要求、技术要求，以及对员工素质的其他要求。企业分工精细、严密，专业化程度高。

这种手段的优点是：工作内容简化，容易胜任，即使出现人员空缺，也能快速填补，而且简化的工作内容也易形成明确的规章和制度，摆脱经验型管理的限制。缺点是：员工自我协调和应变能力下降，不利于人才的培养。

3.重能力与人才快速提拔

美国企业重能力，不重资历，对外具有亲和性和非歧视性。员工进入一个企业有多种方式，有 MBA 学位的人可直接进入管理阶层。员工只要能力强，成就卓越，就可以快速地得到提拔和晋升，不存在论资排辈的情况。

这种用人制度的优点是：拓宽人才选择通道，增强对外部人员的吸引力，强化了竞争机制，使优秀人才脱颖而出。缺点是：减少了内部员工的晋升期望，影响了员工的工作积极性，同时，忽视员工工作年限和资历，会使员工对企业的归属感降低。

4.薪酬刚性化与调节市场化

在美国企业中，员工工资收入的 95%，甚至 99% 以上都是按小时计算的固定工资，劳动成本刚性化突出。危机时期，企业很难说服员工减少工资，帮助企业渡过难关，只能通过解雇员工来降低劳动力成本和消除剩余生产力。这使劳资双方都采取不合作的态度，相互作用，恶性循环，加剧了工资刚性和就业的不稳定性。美国企业通过市场机制决定各级各类员工的薪酬水平。企业招聘员工必须参照同类员工的平均市场薪酬水平来决定本企业所支付的薪酬。因此，美国企业的薪酬，完全受劳动力市场薪酬水平的调节。

5.劳资关系的对抗性

企业和员工具有不同的利益诉求，企业追求利润最大化，员工则追求高水平工资和就业的稳定性。由于劳动内容的简化、规范化、制度化，以及通过库存来保证市场的连续性，使普通员工在利益上讨价还价的能力很弱。普通员工认识到个人力量有限，就把组织工会、形成强有力的斗争力量作为保障自己利益的主要手段；而企业方往往会尽量削弱和打击工会力量。美国现代资本主义企业制度下的对抗性的劳资关系，主要体现为围绕组织工会的权利和通过工会进行劳资谈判的斗争。

6. 注重吸引与留住人才的激励机制

美国企业的人力资源管理非常重视不断改进和完善员工工资福利对员工的激励作用，形成了比较灵活、有效的分配制度。美国企业注意拉开员工的收入差距，给予高端人才十分优厚的经济、福利条件，如赠予企业股票，提供交通、住宿补贴，提供昂贵的保险；对没有技术、管理专长的人员，如工勤人员、普通雇员，仅提供十分有限的薪酬，甚至只提供政府规定的最低工资，一般没有机会得到企业的股票，很少有机会得到企业的特殊医疗保险。企业工资分配呈现收入显性化、福利社会化的特点。企业给予雇员的主要是薪金（工资）及各种保险，薪金和保险均直接取决于个人的能力和贡献，而住房、医疗等福利则完全是雇员个人与社会房产企业和医疗机构之间的事，与企业无关。这种灵活的分配制度有效地调动了雇员的工作积极性。

7. 管理观念追求国际化、全球化

美国是一个多民族的移民国家，同时，美国又是一个资本输出和技术输出大国，许多跨国公司在世界各地设立了分公司、子公司或其他机构。因此，无论是在美国本土，还是在海外，美国公司里的雇员都具有多民族、多文化背景的特征。随着经济全球化趋势的日益加强，企业要加快向海外扩展的速度，跨国公司大力提倡完善企业文化，以容纳并促进多民族的员工协同工作，共创组织效益。在海外公司中，美国母公司也侧重于实行员工的本土化政策。人力资源管理面向国际、面向全球已成为美国企业组织考虑人力资源战略时必须重视的内容。

（二）日本人力资源管理模式特点

1. 终身雇佣制、年功序列制与企业内工会

终身雇佣制、年功序列制与企业内工会构成人力资源管理模式的三大支柱。终身雇佣制是指员工被企业录用之后，达到预先规定的退休年龄之前对其持续雇佣的制度。终身雇佣制使特定企业成为员工的终身劳动场所，员工之间容易产生信任，信息交流方便。这一制度有利于塑造团队精神，创建"家族式"企业文化。

年功序列制是一种依据员工的年龄、工龄、经历和学历来确定工资和晋升的制度，其主要内涵是员工的工资待遇随员工本人的年龄和企业工龄的增长而逐年增加，在管理者的提拔使用和晋升制度中都规定了必须具备的资历。因此，企业中各层管理者的地位高低与年龄长幼之间呈现较为整齐的对应关系。年功序列制有利于稳定组织高级管理者队伍，培养各层管理人员，缓和劳资矛盾，增强员工对企业的向心力。

企业内工会是指按特定的企业成立的工会制度，它使企业与员工结成紧密的共同体。企业内工会缓和了企业与员工之间的矛盾，有利于家族式企业的经营管理。

2."有限入口"和"内部提拔"

日本企业具有排他性和保守性，人力资源的配置使用主要通过内部调节来满足。日本企业普遍实行"有限入口、内部提拔"的用人制度，员工的升迁和调配具有"有限入口"和"按部就班、内部提拔"的特点。所谓"有限入口"，就是员工要从基层进入企业，然后在按部就班提拔的过程中熟悉情况，与上下左右建立工作和个人关系，为以后从事管理工作创造条件。

采用"有限入口、内部提拔"的用人制度的优点是：可以客观地认识和评价员工，鼓励员工学习和掌握企业所需的特殊知识和技能，树立长期工作观念，克服短期行为，提高人才选拔的准确性。缺点是：不能吸引外部人才，企业可选择的人才有限，不利于企业人才的合理配置。

3.重视基本素质，强化特殊技能培训

日本企业在招聘员工时，强调基本素质而不看重个人的具体技能。基本思想是，高素质的职工，可以通过企业实施的培训胜任所有的工作。企业重视与学校的合作，认为好学校的学生素质高，更愿意优先录用刚毕业的学生，作为高素质员工的主要来源，企业认为高素质的员工来自名牌学校的培养。

由于招聘时重素质而轻技能，所以在培训新员工方面投入较大。员工在培训中，既要学习技术方面的"硬技能"，还要学习企业内部的管理制度、上下左右关系和行为准则等很多"软知识"和"软技能"。由于重视在职培训，提升了员工对企业的忠诚度，使生产力大大提高，从而提升了企业的效率。

4. 合作性的劳资关系

以企业为单位建立的企业工会，使企业与员工结成紧密的共同体，企业和工会更加容易了解沟通，有利于解决劳资之间的矛盾和分歧。在日本，企业普遍吸收员工参与管理，使员工及时了解和掌握企业经营状况，并对影响自己切身利益的重大决策发表意见。许多日本企业中的重大问题一般需经全体员工反复讨论，形成一致意见后，方能最后决策并付诸实施。员工对企业经营情况的及时了解和对企业的信赖、工会与企业的沟通与非对抗性关系形成了日本企业中合作性的劳动关系。

5. 以精神激励为主的激励方式

日本企业的激励方式以精神激励为主。领导与员工之间，员工与员工之间，除了工作上互相配合、通力协作，还注重不断增强相互间的亲密感和信任感，努力营造一种友好、和谐、愉快的气氛，使员工有充分的安全感、满足感和归属感，在工作中体味人生的乐趣和意义。企业还吸收员工参与管理，使员工不但能及时了解和掌握企业经营状况，而且能对重大问题的决策发表意见，形成合作性的劳资关系。在物质激励方面实行弹性工资制度，工人收入的 25% 左右是根据企业经营状况得到的红利。

这种措施的好处是：调动了普通职工的积极性和献身精神，工资成本的灵活性使日本企业无须大批解雇工人也能比较容易地渡过经济不景气的难关。缺点是：淘汰率低，员工缺乏进取心，集体决策影响决策的果断性和时效性。

第三章

现代企业人力资源管理规划

第一节　人力资源管理的基础工作

一、了解组织状况

任何组织都有自己的目标，并通过各种活动实现这一目标。企业是一个组织，其目标实现的前提就是机构的正常运转，因此了解企业的组织机构状况是非常重要的，它是促进企业发展的前提，也是进行人力资源管理的基础工作之一。

（一）组织设计

1.组织设计的内涵

一个组织必须有自己的结构，其内部还存在着各种关系，而组织设计就是对组织结构的建立与内部关系的明确。要了解组织的结构状况，首先需要对组织设计的一般理论有清晰的认识。

组织设计是一个进行分工和建立系统的过程，是通过组织设计使组织的各个部分之间协调配合，它不仅包括组织结构的设计，还涉及各种制度、工作流程、部门设置、岗位职责等。其目的就是通过建立组织，根据外界的要求，配置各方面的资源，协调部门及人员之间的关系，保证组织的正常运转以及组织目标的实现。组织设计并不是简简单单就能完成的，因为它面对的是复杂多变的管理对象和有限的个人能力。所以组织设计具有重要的意义。其意义主要有：明确各部门的职责和权限，促进部门之间的协同合作；及时快速地服务客户和市场，支撑组织战略的实现；根据环境变化及时有效做出反应，保证企业的可持续发展；使领导和员工各司其职，做好本职工作，发挥自我价值。

2. 组织设计的原则

组织设计并不简单，必须按照一定的原则进行，保证建立的组织科学和高效。组织设计的原则有以下几个。

（1）战略导向原则。战略实现以组织为载体，战略为组织设计提供宏观方向。良好的组织设计应该能够引导员工行为，实现员工与组织协同成长。

（2）专业分工与协作原则。企业管理工作量大、专业性强。专业分工利于管理工作质量与效率的提高；各专业部门的协作则是工作顺利开展、实现组织目标的保证。

（3）统一指挥原则。员工只能接受一位上司的领导，每个员工应当且只能向一个上级主管直接汇报工作，以避免工作的混乱。

（4）集权、分权相结合原则。组织设计要有必要的权力集中和必要的权力分散。集权有利于企业的统一领导和人、财、物的合理调配。而分权则能调动下级积极性、主动性，有利于基层根据实际情况迅速而正确地做出决策，也有利于领导集中精力抓重大问题。

（5）责、权、利对等原则。责、权、利对等是组织正常运行的基本要求。职权是权力；与其对应的是职责。权小于责，则任务无法完成；权大于责，则会导致权力滥用；承担责任就要给予相应的利益。组织设计要做到责、权、利对等，职责明确，分配公平。

（6）有效管理幅度原则。有效管理幅度是决定企业管理层次的一个基本因素。一位领导人的精力是有限的，其管理幅度应控制在一定水平，以保证管理工作的有效性。在确定企业的管理层次时，必须考虑到有效管理幅度的制约。

（7）资源约束原则。组织结构受资源的约束，为了使组织更有效率，组织结构和外部环境及内部资源必须是"最佳适应状态"。企业必须根据自己的资源，把握自己的核心竞争力，确定企业的核心业务工作内容，建立自己的组织结构。

（二）组织结构

组织结构是组织内部各单位之间关系、界限、职权和责任的沟通框架，是组织内部分工协作的基本形式。组织结构是组织设计的关键，也是了解企业的重要内容。只有对企业的组织结构有清晰的认识，才有利于人力资源管理工作的开展。

1.直线制

直线制的组织结构形式是最简单的集权式组织结构形式，没有专门职能机构的设立，领导关系都是按垂直系统建立的自上而下的领导与被领导的关系。由于这种领导关系与军队中的类似，又被称为军队式结构。

直线制组织结构形式的优点是结构简单，因此管理方面的花费少，领导的命令容易传达，且比较统一，便于明确责任、迅速决策，领导指挥起来也比较灵活。上下级关系比较清楚，也利于纪律和秩序的维持。在直线制组织结构形式中，信息沟通比较顺畅快速，能够及时有效地解决出现的问题，具有较高的管理效率。

由于结构简单，直线制组织结构管理工作显得粗放，内部之间缺乏横向联系，且比较依赖少数领导，对领导的能力要求比较高，这是直线制组织结构形式的缺点。也正因如此，其适用范围较小，主要被规模较小或业务活动简单的企业所采用。

2.职能制

职能制是指根据职能对部门进行划分并设置的组织结构。现代企业中的许多活动都具有专业性，有着各自所要求的工作方法和技能，因此在组织中按照职能进行部门划分，具有一定的合理性，并且对于工作效率的提高很有好处。

职能制组织结构形式的优点：各个部门有着专门的任务，便于人力和物力资源的合理配置，避免了浪费情况的出现；专业的人员在专业的部门从事专业的事情，便于充分发挥职能专长；各项职能可以获得规模经济效益，在一定程度上降低了管理费用。

职能制组织结构形式的缺点：按职能划分部门，容易出现多头领导的情况，员工不知听谁领导，无所适从；顾客需要变化迅速，职能制组织结构难以满足；部门之间目标和要求不同，协调沟通不畅；职能部门人员在自己专业领域深耕细作，难以获得全面发展，对全面的管理人才的培养不利。职能制组织结构形式适用于相对稳定的市场环境中的产品类型较少的企业。

3. 直线职能制

顾名思义，直线职能制是直线制和职能制的结合。它融合了直线制的领导设置，又设有专门的职能部门，既有领导的统一指挥，也有职能部门的参与和指导。直线职能制下，最高管理人员垂直领导业务和职能部门，直线管理人员可以指挥和命令直接下属；职能部门领导充当最高管理人员的参谋和助手，可以对业务部门进行指导和监督，但没有领导权力。

直线职能制组织结构的优点：既有集权，又有分权；既能统一指挥，又能专业化管理，有利于领导人的科学决策。

直线职能制组织结构的缺点：职能部门缺乏直线的横向沟通，会因工作重复导致效率较低；职能部门对直线指挥命令系统有一定的干扰；职能部门弹性较差，难以对外界环境做出及时应对；管理费用有增加的可能。

4. 事业部制

目前，国外大型企业普遍采用的是事业部制，它是现代企业组织结构形式，是1924年由美国通用汽车公司总裁提出的。事业部制是由直线职能制演变而成的，也称分权制结构，其特点是以"集中决策，分散经营"为原则，在集中决策指导下进行分散经营。在这种组织结构形式下，企业会根据不同的产品或地区，设置不同的经营事业部，这些事业部接受总公司的领导，有相应的职能部门，独立核算、自负盈亏。重大方针、政策的研究和制定，人员任免、价格调整以及经营监督都由总公司负责，各个事业部有着自己的利润指标，因此受总公司控制。

事业部制组织结构的优点：最高管理层下放权力到各事业部，有利于集中精力研究环境、制定发展规划；各事业部有了自主权，也就有了责任感，能够激发主动性和创造性，有利于企业的经营能力的发挥；各事业部具有高度专业化的特点，有利于形成大型联合企业；各事业部有着明确的责任和权限，重视各自的业绩。

事业部制组织结构的缺点：各事业部容易产生本位主义和短期行为；企业存在调剂资源与利益的矛盾，不利于人员、技术及管理方法的交流；机构设置有重叠，管理人员增加，导致管理费用增加。事业部制组织结构多被欧美、日本等国家和地区的大型企业采用。

5. 矩阵制

企业按照管理职能可以设置纵向组织系统，按照规划目标可以划分横向组织系统，矩阵制就是两者的结合。因此，矩阵制具有横向和纵向双道命令系统。

矩阵制组织结构的优点：职能部门的横向联系增强，协作配合性好；在机构与人员不变的情况下，能够方便地集中不同部门的专业人员；能够从容地应对多变的管理任务。

矩阵制组织结构的缺点：复杂的组织管理以及双道命令系统，在意见不统一时易出现命令不明、责任不清的情况，而且因临时抽调人员而稳定性不足；成员是临时性的，位置不固定，难以有较强的责任心。

6. 子公司或分公司制

子公司或分公司都是与母公司相对而言的，虽然都受母公司的控制，但与母公司的具体关系是不同的。

子公司不是母公司的组成部分或分支机构，它在法律上是独立的法人企业，有自己的公司名称和董事会，有独立的法人财产，并以此承担有限责任，可以以自己的名义从事各种经营活动和民事诉讼活动。

分公司则是母公司的分支机构或附属机构，其财产是母公司资产的一部分。它不是独立的法人企业，因此没有自己独立的名称、章程和董事会。

7. 其他结构

除了以上六种常见的组织结构，还存在其他形式的组织结构，较为常见的有委员会组织结构和网络型组织结构。

委员会组织结构特点是组织不同职能部门的人一同解决问题。在这种组织结构下，不同经验、背景的人跨越职能界限处理问题。

网络型组织结构是以建立和维持契约关系为基础，依靠外部机构进行制造、销售或其他重要业务活动的组织结构形式，其中心机构很精干。网络型组织结构中的各经营单位之间以契约为纽带进行合作，相互之间不存在正式的资本所有关系和行政隶属关系。

二、进行工作分析

（一）工作分析概述

1. 工作分析及相关概念

（1）工作分析（Job Analysis）。工作分析也叫职位分析或者岗位分析，简言之，就是对工作、职位或岗位进行分析，分析的内容包括工作责任、工作关系、工作环境、任职条件等，由此可知它是一种活动或者过程。在进行工作分析时，分析者要采取科学的手段与方法，由此获得的信息才是准确的，才能为组织的战略规划、人力资源管理等提供服务。进行人力资源管理，一大基础性工作就是工作分析。通过工作分析，收集并描述记载某一职务的工作内容及有关信息，以备管理人员使用。具体来说，工作分析收集的信息可以总结为"6W1H"，即 What（做什么）、Why（为什么做）、Who（谁来做）、When（何时做）、Where（在哪里做）、for Whom（为谁做）、How（如何做）。

（2）工作要素（Jobelement）。工作要素是指工作中的最小单位，不可以再被分解。诸如工作人员记录的会议要点就属于工作要素。

（3）任务（Task）。任务是工作要素的集合，员工为了完成目标从事一系列的工作，对这些工作的具体描述就是任务。一个任务包括诸多工作要素，如打印文件要经过打开电脑、打开打印机、找到文件、进行打印一系列活动，也就是说打印文件这一任务包括上述四个要素。

（4）职责（Responsibility）。职责是任务的集合，一位职工的职责就是其按照组织和工作要求承担的相关任务。以公司培训专员为例，其职责包括统计新入职员工人数、确定培训的具体安排，安排领导在培训活动中讲话等。

（5）职权（Authority）。职权也就是权利，职工要完成一定的任务必须具备一定的权利。职权与职责联系紧密，有的时候，职责甚至等同于职权，如人力资源部经理"批准人事任命"的权力。

（6）职位（Position）。职位又称岗位，是职责的集合。一个职位就是一名任职者所担负的职责的集合。通常来说，职位与任职者是相对应的，职位有多少，任职者就有多少。

（7）职务（Job）。职位是职责的集合，而职务则是职位的集合，但要求职位的主要职责具有相当的数量和重要性。如一个企业设有两位副总，这两位副总的工作内容不同，但具有大致相当的重要性，所以这里的"副总"就是职务。由此也能看出，职务和任职者不是一一对应的，任职者一般要多于职务。

（8）职业（Profession）。与职务相同，职业也是职位的集合，只是与职位之间的具体关系不同。具有相似工作要求或者平行的职位的集合才称为职业。我们在日常生活中，接触的职业比较多，对此也比较熟悉，像律师、教师、会计等都是较为常见的职业。

（9）职系（Series）。职系也是职位的集合，职系中的职位是工作性质类似的职位的集合，有时也称为职种。以销售为例，同样是销售，有助理、专员、经理和总监的区分，这就是一个职系。一些职系组合起来又可以成为职群或者职组。

（10）职级（Class）。职级也是职位的集合，不过是同一个职系中的职位的集合。如中学一级数学老师和中学一级语文老师，他们的工作职责和任职资格相似，就属于一个职级。

（11）职等（Grade）。在不同的职系之间，具有类似工作职责、任职资格要求的所有职位的集合就是职等。同一个职等的例子有大学副教授与研究所的研究员。职等是对工作进行纵向划分，进行这种划分是有原因的，具体为不同职系间的职级数量一般不同，同样是最高职级，不同职级序列中的工作难度也是不同的。

（12）工作族（Job family）。两个及以上具有相似特点的工作组成了工作族。销售工作和生产工作就是两个不同的工作族。

2. 工作分析的主体、对象与时机

由谁进行工作分析，也就是工作分析的主体是谁，这个要从实际出发，根据具体的情况来确定，会受到许多因素的影响，包括进行分析的工作地点及复杂程度、任职者对外部分析人员的接受度以及分析的目的。如果只是为了一时需要而进行的工作分析，可以让外部工作分析人员进行，除此之外则要配备专职的分析人员。工作分析的重要性不言而喻，不管主体是谁，都需要对人、工作和组织有全面的理解和认识。

工作分析就是对工作进行分析，因此分析对象就是工作，也就是组织中的岗位。作为工作分析对象的岗位涉及的范围很广，生产、服务、技术、管理岗位等都应包括在内，只有这样才能更好地为人力资源管理工作提供科学的依据和良好的服务。

组织进行工作分析要注意一定的时机，不能随意而为，否则会造成资源的浪费，只有在需要的情况下方可进行。具体来说，组织需要进行工作分析的时机主要有建立之初、书面工作说明与实际情况不符、工作性质与内容发生变化需重新确定、研究绩效考核、薪酬管理和员工培训等。

（二）工作分析的流程

1. 准备阶段

进行工作分析首先要做好准备，因此准备是工作分析的第一个流程。在准备阶段中，需要注意以下几点。

（1）要对工作分析的目的和用途进行明确。工作分析的目的和用途不同，涉及的对象和内容也不一样，使用的方法也就不同，因此要明确好目的和用途，这样才能精准地开展分析工作，节省时间和财物。

（2）成立专门小组。进行工作分析是较为专业的事情，而且涉及组织中的多个部门和员工，因此成立专门的工作小组是很有必要的。为了工作的顺利开展，小组成员一般应包括高层领导、工作分析人员以及外部专家和顾问。这样，既能保证企业全体人员的积极配合，还能保证工作分析的专业性，也有利于结果的客观与科学。

（3）制定实施方案。工作分析如何开展，需要一个可行的方案做指导。在制定工作分析实施方案时，需要明确工作分析的目与意义、需要收集的信息、形式、主体与对象、程序、时间与地点、方法、需要的资料与配合、提供的结果、结果的审核与评价者，以及工作分析的预算。在制定实施方案时，也要注意确定时间进度表，确保工作分析按时进行。

（4）其他准备。进行工作分析，也要做好通知和说明工作，方便参与人员的工作安排以及对工作分析的理解和配合，这对后期工作的开展都是非常重要的。

2.调查阶段

准备工作做好之后，就要开始进行调查工作了。调查阶段涉及的工作较多，比较耗时费力，这一阶段收集的信息也对整个工作分析的效果有着重要影响，必须予以重视。调查阶段需要注意的问题主要有以下几个方面。

（1）做好调查问卷和提纲的编制工作。

（2）到现场进行实地观察，并做好各种流程和事件，以及工作相关的设备和环境的记录。

（3）通过调查问卷或面谈的形式同主管人员、在职人员进行交流沟通，收集需要的信息和改进建议，并做好必要的记录。

3.分析阶段

在调查阶段收集到的信息和资料，是零散的，不成系统的，只有经过一定的分析整理，才能成为可用的信息，这就进入了分析阶段。在这一阶段，需要注意的问题有以下方面。

（1）对收集的信息进行分类整理，查缺补漏，有必要的话需要返回调查阶段继续调查。

（2）对经过分类整理的资料进行审查，确保资料的准确性和完整性，确保工作分析结果的科学性。

（3）对经过分类整理并审查的资料，可以进行深入分析，通过分析，得出工作分析所需要的信息，总结各个职位的具体成分和因素，并形成相应的文件，以便使用。

4.完成阶段

在经过上述三个阶段后，工作分析就进入尾声了，因此这一阶段称作完成阶段。在完成阶段主要是形成工作分析结果，需要注意的问题有以下方面。

（1）根据资料分析获得的信息，按照一定的要求编写工作说明书，并经过核实和讨论，进行修改和完善，并最终定稿。

（2）总结工作分析工作，撰写工作分析报告，探讨工作分析中的问题，总结工作分析中的经验，以便下次工作分析的开展。

三、制定人力资源规划

制定人力资源规划是进行人力资源管理的重要基础性工作，对人力资源管理能够起到指导性作用。下面对人力资源规划的基本情况进行介绍，具体的制定与操作在后文进行说明。

（一）人力资源规划的含义

人力资源规划，又称人力资源计划（Human Resource Planning，HRP）。组织在发展战略和经营规划的指导下，对员工的供需平衡进行预测和分析，借此满足在不同发展阶段对员工的需求，为发展提供符合质量和数量要求的人力资源，这就是人力资源规划。简言之，人力资源规划是预测组织在某一时期内的员工供给与需求，并采取措施平衡人力资源供需。

要想准确理解人力资源规划的含义就应该把握以下要点。

第一，人力资源规划的基础是组织的发展战略和经营规划，只有具备发展战略和经营规划这一前提，才谈得上人力资源规划。第二，人力资源规划的内容有两个，分别为对组织一定时期的员工供需的预测以及根据预测结果采取措施进行平衡。第三，人力资源供需预测要全面考虑数量和质量，要数量，更要有质量。

（二）人力资源规划的作用

人力资源规划对于人力资源管理非常重要，对于公司的发展也具有重要的意义。具体来说，人力资源规划的作用有以下几点。

1.人力资源规划是公司实现组织战略目标的保障

每个公司都有自己的组织战略目标，它是一个非常庞大的系统，涉及公司各个方面的规划，如生产、营销、财务等，人力资源规划也是其中之一，都是公司组织目标体系的组成部分。但是人力资源具有特殊性，对公司来说，人力资源是发展的重要力量，尤其是高素质的管理人员和专业技术人员，只有做好相应的规划，才能保证公司发展对人力资源需求的及时满足。因此，应该通过人力资源规划，保障公司组织战略目标的实现。

2.人力资源规划是人力资源管理的基础

对于公司来说，进行人力资源管理，制定人力资源规划必不可少，因为人力资源规划是对人力资源管理工作的具体指导，只有在人力资源规划的基础上，人力资源管理工作才能有效地开展。通过人力资源规划，公司能够有序地进行人力资源的储备和配置，并在员工的发展与管理方面发挥积极的作用。

3.人力资源规划有利于员工积极性的调动

员工通过公司的人力资源规划，能够看到公司及个人的发展前景，主动融入公司的发展中，并合理规划自己的职业生涯和发展方向，从而积极主动地参与公司的建设与人生的发展。

4.人力资源规划有利于公司控制人工成本

公司要发展壮大，必定需要越来越多的人力资源，也因此增加了人工成本。制定人力资源规划，公司可以对人员的变化有大致的把控，能够根据情况调整人员构成，使之尽可能合理，也能实现人工成本的可控性。

（三）人力资源规划的类别

依据时间长短，人力资源规划可分为长期规划、中期规划和短期规划三种。

表 3-1　人力资源规划的分类

类别	时间	特点
长期规划	5～10 年或以上	具有战略意义，比较抽象，可能随内外环境的变化而发生改变，可以为组织人力资源的发展指明方向、目标和基本政策
中期规划	1～5 年	目标、任务的明确与清晰程度介于长期和短期规划
短期规划	1 年及以内	一般按照年度编制，适用于规模较小的组织

也有学者将人力资源规划大致分为三个层次：策略规划、制度规划和作业执行规划，这代表了人力资源管理的不同发展阶段，可以体现出从传统的人事管理到现代人力资源管理的过渡。

第二节　人力资源管理的供需预测

一、人力资源管理的供给预测

（一）人力资源供给预测的含义

企业需要在生产过程中投入劳动，这种劳动的投入就是人力资源的供给，它与企业人力资源总数、单位劳动力的劳动时间以及标准劳动力的折算系数有关。为了保证企业有足够的人力资源供给，必须对某一特定时期内企业的人力资源情况（包括数量、质量以及结构等）进行评估，这就是人力资源供给预测。企业可以从外部劳动力市场获得人力资源，也可以从内部获得人力资源，这就是人力资源供给的两个来源。因此，人力资源的供给预测也要分为外部供给预测与内部供给预测。

1. 人力资源外部供给预测

企业人力资源的外部供给多是有潜力的新员工以及一些没有或者有很少技能

的体力劳动者或短期工，这些外部劳动力一般综合素质较低或者需要经过一定的培训才能满足企业的需要，因此劳动力折算系数较低，对其进行预测时主要从数量方面进行考量。而且对于大多数企业来说，外部人力资源供给是不可控的，需要考虑影响供给的因素，从而保证预测的准确性。劳动市场供需情况是影响外部人力资源供给的重要因素，此外，家庭是外部劳动力市场的供给主体，市场工资水平及家庭观念也影响着外部人力资源供给态势。具体来说，当外部劳动力市场供给大于需求时，企业人力资源外部需求会得到满足，而家庭对企业所处行业的喜好也会对企业的外部实际人力资源供给产生影响。

2. 人力资源内部供给预测

企业有着一定数量的员工，而且有着一定的人力资源储备，他们的调配可以由企业来决定，受外界影响的程度很小，因此与人力资源外部供给相对应，是企业人力资源内部供给。对于处于企业内部的这些人力资源，他们大都经过一定的培训，积累了较多的工作经验和技能，相对于外部劳动力来说，其劳动力折算系数较高，而且会随着整体素质的提升进一步增加，虽然有退休、生育等自然减员情况的出现，但人力资源质量的提升会弥补数量的减少，进而增加企业的人力资源供给。因此，在人力资源内部供给预测中，既要关注人力资源数量的情况，更要关注人力资源质量的情况。

（1）内部供给数量预测。企业现有的内部劳动者人数以及新员工人数决定了人力资源内部供给数量。一般情况下，新员工的引进是有限制的，因此，现有劳动者人数的自然变化和流动状况是影响人力资源内部供给数量的主要因素。企业内部劳动者人数的自然变化主要受员工的性别、年龄和身体状况等因素的影响；而流动状况包括因辞职、辞退等导致的人员流出和人员在企业内部的流动。

（2）内部供给质量预测。在人力资源数量一定的情况下，人力资源的质量影响着人力资源的供给状况。企业人力资源质量的变化体现在两个方面：一是高素质人力资源数量的增加，二是人力资源整体素质的提升。无论是哪一种情况，都会增加企业人力资源内部供给。因此，企业都非常重视人力资源整体质量的提升，并通过各种途径提升员工的素质，这也是为了增加人力资源供给，满足企业的人力资源需求。

（二）人力资源供给预测的方法

1. 外部供给预测的方法

（1）查阅资料。企业对人力资源外部供给进行预测需要了解相关的信息，可以通过查阅资料的方法进行。尤其是当前处于信息时代，互联网的高速发展与应用为企业了解相关信息提供了极大的便利。企业通过互联网与大数据可以了解国家相关部门发布的统计数据，还可以及时了解相关的法律和政策。

（2）直接调查。企业有了自己关注的人力资源以后，可以对其进行直接调查。通过直接调查，可以更准确地了解人力资源的具体和真实状况，随时掌握人力资源的变化，也就能随时掌握企业人力资源外部供给情况。

（3）分析雇佣和应聘人员。企业发布人才引进消息，有意向人员会来应聘，合适的就会被雇佣，对这些应聘人员和雇佣人员进行分析，也可以估计人力资源供给状况。

2. 内部供给预测的方法

（1）技能清单。技能清单是内部供给预测的重要方法，是对员工工作情况和工作能力特征的反映。技能清单的内容涉及员工的培训情况、过往经历、取得的证书、通过的考试、主管的评价等，反映了员工的实际能力，可帮助人力资源规划人员估计员工调换工作岗位的可能性，以及确定哪些员工可以补充当前的岗位空缺。

（2）人员核查法。对企业现有人力资源进行核查就是人员核查法，涉及人力资源的数量、质量、结构分布等。通过人员核查法，可以使企业了解可供调配的人力资源拥有量及其利用潜力，并在此基础上，评价当前不同种类员工的供求状况，确定晋升和岗位轮换的人选，确定员工特定的培训或发展项目的需求，帮助员工确定职业开发计划与职业通路。

（3）管理人员替代法。管理人员替代法是通过一张管理人员替代图来预测企业内部的人力资源供给情况。管理人员替代图包括部门、职位全称、在职员工姓名、职位（层次）、员工绩效与潜力等各种信息。

（4）马尔科夫预测法。马尔科夫预测法是通过收集历史数据，总结人事变动的规律，对未来人事变动情况进行预测。它是一种统计方法，使用统计技术预测未来的人力资源变化。这种方法描述组织中员工流入、流出和内部流动的整体形式，可以作为预测内部劳动力供给的基础。

二、人力资源管理的需求预测

（一）人力资源需求预测的含义

人力资源需求预测是指企业为实现既定目标而对未来某一特定时期内所需人力资源的数量、质量与结构进行估算。企业的人力资源需求受多种因素影响，主要包括企业的产品与服务、发展战略与经营规划、生产技术与管理水平等。对人力资源需求进行预测也要考虑这些因素。

1.产品与服务

企业是提供产品和服务的，企业要生存、要发展，提供的产品和服务必须满足市场的需要，满足消费者的需求。不同的消费者有着不同的需求，不同的行业有着不同的产品和服务，这些产品和服务会受到消费者数量及消费习惯、购买力以及社会发展水平等的影响，因此既有稳定性，也有波动性。市场和消费者需要什么产品和服务，企业就要提供什么产品和服务，而要生产不同的产品和服务，就需要依靠不同专业的人力资源，因此，在预测人力资源需求时，一定要考虑产品和服务的因素，这在很大程度上决定着一个行业、一个企业的人力资源需求情况。一般情况下，人力资源需求与企业产品与服务需求呈正相关关系，当企业产品和服务需求增加时，企业所需要的人力资源数量或质量也要提升。

2.发展战略和经营规划

企业都有着自己的发展战略和经营规划，这是企业谋求自身发展的指导，也是企业发展的蓝图。企业发展战略和经营规划受到外部市场环境以及自身应对能力和目标要求的影响。企业有着什么样的发展战略和经营规划，就需要相匹配的人力资源予以支撑，因此也决定了企业的人力资源需求状况。当企业战略扩张或者调整经营策略时，企业的人力资源数量或者结构也要进行相应的变化。

3. 生产技术和管理水平

企业的生产流程和组织形式很大程度上取决于生产技术和管理方式，这又决定着企业人力资源需求的数量和结构。因此，当企业的生产技术或者管理方式发生变化时，也会导致人力资源需求情况的变化。企业采取了新的生产技术，提高了劳动生产率，所需要的人力资源数量就会减少，采用新技术的同时也会有新的岗位产生，这在一定程度上增加了对某种人力资源的需求。

以上三点是影响企业人力资源需求的基本因素。每个企业的实际情况不同，对各自人力资源需求的影响也会不同，即使是同一个因素，在企业的不同发展时期，对人力资源需求的影响也不会完全一样，因此在进行人力资源需求预测时，一定要从企业的实际情况出发，使预测结果更加准确客观，更加切合企业的真实需求。

（二）人力资源需求预测的步骤

一般来说，人力资源需求预测可以分为现实人力资源需求预测、未来人力资源需求预测和未来流失人力资源需求预测三部分。通过对这三部分的预测，可以得出企业整体的人力资源需求预测。

1. 现实人力资源需求预测

现实人力资源需求预测的步骤如图 3-1 所示。

根据工作分析结果确定组织岗位的编制和人员配置

综合分析，统计人员缺编、超编及是否符合岗位任职资格要求

与管理者讨论统计结果并修正，得出现实人力资源需求数

图 3-1　现实人力资源需求预测的步骤

2.未来人力资源需求预测

未来人力资源需求预测的步骤如图 3-2 所示。

根据企业的发展规划，确定各部门工作量的变动情况

根据工作量增减，确定需增加或减少的岗位及人数，汇总统计，得出未来人力资源需求数

图 3-2 未来人力资源需求预测的步骤

3.未来流失人力资源需求预测

未来流失人力资源需求预测的步骤如图 3-3 所示。

根据员工的档案，统计预测期内的退休人员

根据历史数据和劳动力市场变化，统计未来可能的离职情况

根据退休和离职情况预测，得出未来流失人力资源需求数

图 3-3 未来流失人力资源需求预测的步骤

4.人力资源需求预测

在得出现实人力资源需求数、未来人力资源需求数和未来流失人力资源需求数后，对三者进行汇总，就得出了企业整体人力资源需求预测结论。

（三）人力资源需求预测的方法

对人力资源需求进行预测，需要用到一定的预测方法，预测方法的选择对人力资源需求预测的结果会产生一定的影响，因此要正确选择。

人力资源需求预测的方法有定量方法和定性方法之分。

1. 定量方法

（1）趋势预测法。趋势预测法是一种基于统计资料的定量预测方法，一般利用的是过去5年左右时间里的员工雇佣数据计算出未来的人力资源需求趋势。

（2）劳动生产率分析法。顾名思义，劳动生产率分析法就是对劳动生产率进行分析的方法，通过分析劳动生产率，结合企业的生产或服务量，对人力资源需求情况进行预测。

（3）多元回归预测法。多元回归预测法也是基于统计技术的。但与趋势预测法不同，它将影响人力资源需求变化的多个因素考虑在内，更重视变量之间的因果关系，根据多个自变量的变化来推测因变量的变化，并通过一些指标来控制推测的有效性。

除了上述三种定量方法，比较常见的还有劳动定额法、趋势外推法、生产函数模型法以及工作负荷法等。

2. 定性方法

（1）现状规划法。人力资源现状规划法是一种最简单的预测方法。该方法假设企业生产规模和生产技术不变，企业的人力资源相对稳定，即企业目前各种人员的配备比例和人员的总数将完全能适应预测规划期内人力资源的需求。人力资源规划人员需要预算出在规划期内晋升、降职、退休或调出的人力资源的情况，再进行相应的调节。由于这一预测方法的前提条件比较理想化，主要适用于短期人力资源规划预测。

（2）经验预测法。企业根据以往的经验对人力资源进行预测，这种方法就是经验预测法。企业在预测本组织将来某段时间内对人力资源的需求时经常会用这种方法。以往的经验是这种方法的基础，因此预测结果受以往经验的影响较大，采用此种方法时要保证过往经验的准确性以及集合多人经验，尽可能地避免误差。这种方法适用于技术较稳定的企业的中短期人力资源预测规划。

（3）德尔菲（Delphi）法。19世纪40年代的兰德公司在对人力资源需求进行预测时，通常由有经验的专家或管理人员对某些问题或管理决策进行直觉判断与预测，这就是德尔菲法，也称"专家咨询法"或"集体预测法"。德尔菲法是一种简单、常用的主观判断预测方法，对预测者的经验和判断能力需求较高。

第三节　人力资源规划的制定与操作

一、制定人力资源规划的原则

人力资源规划对人力资源管理至关重要，甚至决定了组织未来的发展，因此制定时要严格遵循相关原则。

（一）充分考虑内外部环境变化

企业在生存发展的过程中会受到内、外部环境的影响，一个发展顺利的企业必定能够根据内、外部环境变化及时调整策略，合理应对。人力资源规划作为企业发展战略和经营规划的重要组成部分，也要充分考虑内、外部环境的变化，以真正地适应企业发展的需要，切实为企业实现目标服务。内、外部环境涉及的因素很多，既有企业生产、销售、组织战略或人员，也有国家法规政策、市场供需情况，因此要全面综合考量，做好风险预测，并采取应对措施。

（二）确保组织的人力资源保障

在人力资源规划中，核心问题之一就是组织的人力资源保障问题。这个问题涉及社会人力资源供需情况、企业员工的流动情况。只有客观准确地把握这些信息，才能有效保障组织的人力资源供给，更好地进行人力资源开发与管理。

（三）综合考虑组织和员工利益

人力资源规划是组织对企业人力资源供需情况进行分析并进行平衡的活动，

对组织的可持续发展至关重要。但是如果只考虑组织的需要，人力资源规划的作用就会大打折扣。因为，组织的发展要依靠人力资源，从这个层面上讲，组织与员工是相互依托、相互促进的。因此，在制定人力资源规划时，不仅要考虑组织的需要，也要从员工发展的角度出发，使组织和员工的利益都得到保障，这样可以使员工获得自我发展，激励员工积极主动地参与组织的建设，在一定程度上更有利于组织目标的达成。

二、人力资源规划的制定步骤

（一）编写人员配置计划

在编写人员配置计划时，要以企业的发展规划为依据，并结合企业人力资源的情况，其目的是展示企业未来的人员质量、数量与结构分布。人员配置计划要包括企业各职务的人员数量、职务变动与空缺、相应的调整办法等。

（二）配置人员需求

人员需求预测就是以职务计划和人员配置计划为依据，采用一定的方法，对人员需求进行预测。在人员需求预测中应阐明需求的职务，要做到详细具体，包括具体的名称、数量及时间，以方便后续工作的开展以及人员的及时配置。在整个人力资源规划中，对人员需求进行预测是最重要的，也是最困难的，因为实际工作中有很多不确定的东西，这就要求人力资源规划工作人员具有较高的水平、富有创造性和高度参与性。

（三）编写人员供给计划

得出人员需求预测结果后，就要想方设法采取各种措施解决需求问题，这就涉及人员供给计划。人员供给计划给出了解决人员需求的对策，其目的是平衡人力资源供需。在人员供给计划中，要列出人员供给的方法，从外部供给和内部供给两个方面想办法，可以是内部晋升或调整，也可以是外部招聘，并制定相应的计划。

（四）制定培训计划

利用内部供给或外部供给的方式解决人员需求时，还要注意获得的人员的素质。有些新进员工要胜任工作，必须了解企业文化及相关规定，并熟知岗位职责和技能，即便是通过内部晋升或调整而来的员工，其工作环境或者工作性质也会发生改变。为了使人员供给更好地满足需求，需要对这些人员进行培训，因此制定培训计划也是必不可少的。根据上述内容，培训可分两种：一种是新进员工的入职培训，另一种是在职员工的提升培训。无论是哪种培训，都要在培训计划中有所提及，并列出具体的培训政策、内容、形式、考核方法等。

（五）编写人力资源费用预算

一个企业或组织开展经营活动的目的就是获取经济利益，实现可持续发展。因此，考虑投入产出比例是必然的。制定人力资源规划，是要解决人力资源的供给和需求平衡的问题，重要任务之一就是控制人力资源成本。因此，在制定人力资源规划时，必须编写好人力资源费用预算，进行预算管理。在实际工作中，应列入人力资源费用预算的有招聘费用、培训费用、调配费用、奖励费用及其他与人力资源开发利用有关的费用。

（六）编写人力资源政策调整计划

企业要发展，需要一定的战略规划，也需要根据内、外部环境变化及实际情况及时地予以调整。企业人力资源政策也会因现实情况改变而发生变化，因此也要编写人力资源政策调整计划。这是确保人力资源管理工作主动地适应企业发展的一大举措，是对企业发展和企业人力资源管理之间的主动协调。人力资源政策调整计划应包括人力资源政策的方向、范围、步骤及方式等，并明确调整原因、调整步骤和调整范围等，还应涉及员工关心的招聘政策、绩效考评政策、薪酬福利政策、职业生涯规划政策、员工管理政策等。

三、人力资源规划的监控

人力资源规划涉及的因素很多，有些还具有较大的不可控性，而且企业面临的内外部环境时刻都在发生着变化，因此在实施人力资源规划的过程中，肯定会出现许多意想不到的问题，也会出现人力资源规划与企业实际情况不十分符合的情况。在这种情况下，就显现出了监控人力资源规划的重要性。通过人力资源规划的监控，可以发现人力资源规划中的问题，从而给出可靠的信息，便于人力资源规划的及时调整。

（一）人力资源规划的监控标准

1. 客观性

人力资源规划的监控必须客观。也就是说，在这一过程中，要做到诚实、公平、有根据，不带感情色彩和个人性。在对人力资源规划的制定和实施情况进行评定时，不能仅靠个人的主观性判断，而要用企业实际得到的绩效或者数据为依据，只有给予人力资源规划诚实和公正的评价，才能对人力资源规划进行有效的调整。

2. 一致性

人力资源规划监控必须具有一致性。也就是说，在实施规划的过程中，要注意目标和政策的一致性。在规划实施过程中出现矛盾或冲突时，需要人力资源规划评价系统和控制系统参与，保证所有人力资源规划的预期目标均得以实现。

3. 协调性

在监控人力资源规划的时候还要注意协调性。既要对人力资源的某个方面的发展趋势进行分析和考察，也必须对各项业务规划以及人力资源开发与管理政策的综合发展趋势进行分析和考察。保障人力资源规划在各种变化趋势共同作用时的协调性是监控系统的一个重要任务。

4. 可行性

人力资源规划的监控要具有可行性，即技术上、方法上、环境适应上、经济上可行。只有具有这一点，才能保证人力资源规划的监控成功地贯彻企业的战略以及人力资源规划。不具备可行性的方案，就是一纸空文，也就无法取得预想的结果。做到这一点，也要注意企业自身的实际情况，要确保企业依靠自身资源就可以贯彻实施。有些监控采用的技术较先进，花费较多，给企业带来沉重的负担，这与监控的初衷是不符的，企业也就不可能实行。另外，监控后对人力资源规划提出的建议也要具有可行性，在企业的承受范围之内，否则，所做的工作也是无效的，是对资源的一种浪费。

5. 有利性

企业实施人力资源规划监控要有利于企业创造和保持竞争优势，培育企业独特的核心竞争力，这就是有利性。通过对人力资源规划实施的监控，使企业获取竞争实力，从而为企业的可持续发展奠定基础。

6. 及时性

人力资源规划监控要必须具有及时性，这也是这项工作的关键。企业面临的内、外部环境是时刻发生变化的，对于人力资源规划及实施中出现的问题，要及时发现并反馈解决，否则，反馈的结果会因时间的推移而失去意义，不再适应形势发展的需要。因此发现问题要及时，解决问题要及时，要为企业人力资源规划提供有价值的信息。

（二）人力资源规划监控的方法

1. 定期与不定期检查相结合

受各种因素的影响，任何规划在执行的过程中都会产生偏差，这都是很正常的。但是如果对这些误差不予理睬，则会对人力资源规划的实施效果产生不利影响，甚至影响规划预期目标的顺利实现。因此，在人力资源规划的执行过程中，需要对人力资源规划的具体实施情况定期进行检查，发现问题及时解决，并给出相应的意见，便于规划的调整和误差的修正。环境变幻莫测，企业为了适应市场变化也会不定期地调整战略目标，这就要求进行不定期检查。与定期检查相比，不定期检查更能及时发现问题，可以保证人力资源规划的动态调整。

2. 整体性控制

检验人力资源规划与企业战略目标是否一致，是人力资源规划监控工作的一项重要内容，也就是对人力资源规划的整体性控制。人力资源规划要达到预期目标，必须能根据企业内外环境变化和战略目标的调整而适时做出调整，对人力资源规划进行整体性控制是一项战略性任务，在监控过程中，需要分析企业现有的人力资源规划能否有效支持企业整体战略目标的实现。

四、人力资源规划的调整

（一）人力资源规划调整的原因

企业是不断发展的，在发展的各个阶段都需要合适的人力资源规划，制定好的人力资源规划要适应企业发展的需要，必须不断进行调整。

（1）人力资源规划的参考信息具有动态性。内外部环境在不断变化，企业自身战略也会不断调整，企业要以此为依据，经常性地调整人力资源规划。

（2）人力资源规划的执行具有灵活性。人力资源规划在执行的过程中，企业内外部环境不断发生变化，企业的战略目标也会随时做出调整。为了适应这些变化，具体规划措施也必须做出调整，还要随时调整规划的执行。

（二）人力资源规划调整的措施

企业针对内外部人力资源环境的变化，会调整自身战略，并会根据调整过的组织战略，调整人力资源规划。企业调整人力资源规划的方式有以下几个。

1. 常规程序性处理方式

常规程序性处理方式是企业按照日常的程序性的处理方法来应对出现的平常情况。这是企业在实施人力资源规划监控与评估过程中采用最多的一种方式。出现的问题如果较为常见，或者说是执行过程中必然出现的，只要不对组织稳定性产生较大影响，就可以采用常规程序性处理方式。

2. 开设专题解决方式

人力资源规划实践中出现问题或者机会时，一些高级管理者会进行专题分析、突击解决。开设专题解决方式能做到反应迅速。对于一些难点问题，或者涉及企业战略层面的问题，需要高级管理者与人力资源部门一起进行专题研究，共同商讨恰当的方法。

3. 建立专家应急模型方式

企业根据其他相关企业实施人力资源规划的经验，结合自身具体情况，组织有关专家对可能出现的问题建立专家应急模型，当有关问题真的出现时，企业能及时响应。对于一些不可预料的情况，依靠常规解决方法以及组织自身力量很难解决的时候，可以考虑使用外部人力资源。综合考虑专家、企业高级管理者和人力资源部门的意见，形成应急解决模式。

第四章

企业人力资源管理的伦理建构

第一节　重塑伦理关系

"伦理关系"是在一定自然因素与社会因素的基础上，人与人之间由客观关系和主体意识构成、贯穿应然价值规定的一种相对稳定的社会关系。也就是说，伦理关系是人们按照一定的伦理原则和道德规范形成的社会关系，并赋予了社会关系价值属性，成为可以进行伦理评价的关系。广义上来讲，人类社会的所有规则体系都是直接或者间接地建立在伦理关系及其道德规范的基础上的。伦理关系是伦理道德规范的内在本质，一定的伦理关系的存在，是伦理道德规范得以确立的前提和基础。人们在从事社会生产等活动时，需要充分考虑伦理关系和道德规范。只有把握伦理关系，才能确定伦理原则以及伦理评价标准。

经济社会发展与伦理道德实际上一直处于一种良性的互动之中，伦理的原则、规范、准则、范畴的发展和变迁都是受社会经济关系制约的，经济关系的变化必然引起伦理关系的变迁。随着我国经济转向高质量发展，经济发展的思路、方式、结构、动能都需要转变。这种转变将使企业的生产、管理做出重大的调整，从而给人的观念、生产、生活状态造成巨大的影响。因此，我们可以说，当前我国企业人力资源管理伦理关系的发展，归根结底是社会经济关系的变化导致的，由于我国由高速增长阶段转为高质量发展阶段，从全面建成小康社会转为全面建成社会主义现代化国家，社会主义市场经济体制的不断完善导致了伦理关系变迁。

一、企业与员工

随着中国社会民主化、法治化、市场化的发展，管理方式已从过去浓厚的人治色彩向高度法治化转化，从政府到民间，越来越需要适应新时代社会环境的制度化、合约化的契约型信任模式。企业与员工之间，也从单纯的契约关系向建立在契约基础上的互信模式发展，这是社会进步的体现，也是建立企业人力资源管理伦理的重要环节。

经济高速增长阶段，劳动关系比较简单，雇主雇佣工人主要是为了获取利润，而工人受雇于雇主是为了获得工资维持生存，双方没有明确的权利、义务关系，只是简单的商品交换关系，调节他们之间劳动关系的方法也比较简单，常见的是简单的约定和口头承诺。随着市场经济的发展和现代企业制度的完善，利益主体和利益关系多元化，劳动关系调节的方式也逐步走向制度化和契约化。法律和契约对于调节和维护劳动关系是有效的，通过契约关系，劳动者履行劳动的义务，享受劳动的权利。通过契约关系，企业也维护了自身的权利和义务。

但是，再健全的法律、再明细的契约也不可能解决所有的劳动关系问题。因为，单纯的契约关系是冰冷的，劳资双方无法互相信任，无法互信也就无法构建和谐的劳资关系，就无法保障社会经济的高质量发展。而作为有温度的管理方式，伦理可以在契约的基础上调节劳资双方关系，构建劳资双方互信，从而真正实现劳资和谐。劳动关系的和谐与稳定不仅需要法律和契约的强制性作为保障，还需要企业与员工双方树立高度自觉的伦理道德意识。

信任是一种信念，更是一种道德力量。中国传统文化非常重视信任这个伦理范畴。孔子曰："人而无信，不知其可也。"古语云"君子一言，驷马难追"。中国封建社会的人伦：仁、义、礼、智、信，也是把"信"作为非常重要的伦理道德标准。西方文化对信任的重视，源于基督教和新教，弗朗西斯·福山（Francis FuKuyama）曾，写过《信任创造经济繁荣》。东西方对于"信任"理念的不谋而合，也正说明了"信任"对于社会生活的重要性。在企业和员工的关系中，贯彻互相信任的原则，一是要求企业在经营管理中诚信不欺，遵循法律法规、遵守道德规范，与员工开诚布公、建立互信。二是要把员工也当成企业的主人，吸收员工参与企业管理，在日常工作中、理解员工、信任员工并依靠员工，通过参与企业管理，增加员工对企业的信任度，增强员工对企业的忠诚度。三是员工也应对企业承担相应的信任义务和责任，忠诚于企业，忠诚于职业，忠诚于本职工作。四是用充满温情的契约信任替代单纯的、冰冷的契约关系。

因此，高质量发展阶段，企业与员工的关系，应该从单纯的契约关系上升到建立在契约基础之上的互信关系。

二、管理者与员工

广义的劳动关系由政府、雇主和工人组成，而狭义的劳动关系是指企业内部雇主与工人之间的关系，现代企业管理制度，更多地体现在管理者与员工之间的关系上。劳动关系作为社会经济关系的体现，在不同的历史时期有着不同的特点，管理者与员工之间的关系也经历了多重变迁。

人力资源管理的 X 理论认为，人的本性是懒惰的，是不负责任的，需要经常加以监督，因此，管理的方法就应该是制定严格的考勤、惩罚和监督措施，以防止人们偷懒，这其实就是泰罗制管理制度的精髓。而 Y 理论认为人基本上是勤劳的、负责任的，只需要给予支持与鼓励，这个理论认为，人不完全是被动的，是受行为动机支配的，只要给他创造一定的条件，他就会努力工作以达到设定的目标。基于这样的认识，这种管理方法主要是在如何调动人的积极性方面下功夫。Z 理论其实是建立在前两种理论基础之上的一种全新的管理理论，这个理论认为，在一个企业组织中生产的效率是重要的，效率是组织通过合作的方式将员工的努力协调一致发挥出来的。在这样的组织中，上下级、成员之间的信任和情感的沟通是非常重要的。在一个实施 Z 理论管理的组织中，利润不被视为目的，也不作为竞争过程中评分的方法。更确切地说，如果某企业对顾客提供真正的价值，帮助员工成长并像社会公民那样做出负责任的表现，那么利润就是雇员对企业的报酬。实质上，人力资源伦理化管理是 Z 理论的灵魂所在，实施伦理化管理是现代企业人力资源管理的大势所趋。

经济高速增长阶段，很多企业的口号是："顾客是上帝"，而管理者却信奉 X

理论（假设人性天生厌恶工作），用严格的制度粗暴地管理员工，甚至惩罚员工。如果管理者不善待员工，员工怎么会真心把顾客当上帝？在这种粗暴的管理方式下，管理者和员工的关系怎么能和谐？以服务好而著称的火锅品牌"海底捞"的企业理念是"尊重员工、客人是老板"，只有管理者首先尊重员工，员工对企业有了认同感，才会发自内心地对顾客好。

高质量发展阶段，企业管理者和员工之间构建和谐共生的劳动关系，除了以健全的法律、明晰的契约作为保障，还需要管理者与员工双方拥有高度自觉的伦理道德意识，更需要企业人力资源管理伦理的约束和道德的滋润。管理者应该改变过去管理、监督员工的做法，信任员工、关爱员工、关怀员工；改变过去简单粗暴地命令员工的做法，激发员工自我的管理意识、激发员工发挥自觉能动性；改变过去绩效导向的考核做法，以实现员工个人自由全面发展为最终目标。

所以，高质量发展阶段，管理者与员工之间的伦理关系应该由单纯的监督关系上升到关爱的关系。

三、员工之间

以往，企业人力资源管理伦理视角聚焦员工之间关系的研究较少，一般都认为员工之间的关系是个人性质的。在西方经济学看来，市场经济重要的制度保障是私有制，其法律保障是"私有财产神圣不可侵犯"，文化支撑是启蒙运动所提倡的"自由、公正、平等"，经济、法律、文化三要素相互结合，形成了西方社会的特色——契约文化。契约文化中，使经济、法律、文化三个要素能够有机融合的关键点是个人主义文化传统。正是个人对自身权利和责任的合理要求，萌发了西方社会的市场经济，并推动了市场经济的蓬勃发展。个人主义对于传统企业人力资源管理伦理道德观的形成具有重大的影响：首先，个人主义认为，社会发展离不开相互联系的每个个体的发展，因此，只有鼓励人们追求合理利益才能促进社会发展。其次，个人自由的前提是稳定的社会秩序。因此，为了维护稳定的社会秩序，个人需要承担相应的责任和义务。最后，个人主义认为，政府的职责是保护个人权利不受侵犯，政府不能干涉个体自由。

不可否认，个人主义在我国改革开放初期对于促进市场经济发展和社会进步功不可没，但随着社会的发展与科技的进步，尤其是在现代分工明确、竞争激烈的环境中，人们早就意识到一个人的能力再强，也难以凭一己之力达成发展目标。个人只有依靠团队才能成功，员工应当更倚重团队的力量。

"团队"是一个需要履行目标和责任的组织，通过有效的内部协调而成为有效率的整体，并且发挥出比个人力量简单相加更大的威力。或者说，"团队"是围绕某种目标而团结协作的一种组织形式。我们中国人常说："一把筷子折不断""同舟共济""众志成城""众人拾柴火焰高"等。这些朴实的话语中，就蕴含了团队协作的意义：团队协作有利于提高组织的整体效率，通过团结合作减少内耗，把团队成员的力量拧成一股绳，通过合作共赢加强团队的向心力和凝聚力，充分实现团队成员力量的聚合放大。团队协作有利于实现企业目标。高质量发展阶段，经济发展的理念、动能、模式、质量都发生了巨大转变，而充分发挥人的主观能动性是有效管理的重要前提。企业目标的实现离不开每一位员工的努力，因此，作为团队成员，其素质或者履职的能力和状态，是实现目标非常重要的基础。团队在重视集体努力的同时也应关心和保护团队成员的个性发挥，尊重个体成员的不同观点，充分发掘团队成员的潜能，使团队凝心聚力，风险共担，利益共享，相互配合，完成团队工作目标。团队协作是企业发展和进步的重要动力，重视团队协作，关键在于重视人，重视人的知识、力量、经验等宝贵财富，充分调动人的积极性、主动性和创造性，积极推动员工之间团结协作，努力实现个人与团队的共同成长。

因此，高质量发展阶段，员工之间的伦理关系应该由个体关系上升到团队协作关系。

四、企业与社会

随着社会的进步、文明的发展，企业的社会责任意识也不断增强，越来越多的企业开始关注社会责任，企业对于社会责任的认识和实践也取得了较大的进展。例如，中国一些进出口企业刚接触 SA8000 标准时便感受到了其"强制性作用"，企业界和学术界曾就 SA8000 标准是"贸易的道德壁垒"还是"贸易的道德通行证"展开过激烈讨论，当时多数企业对 SA8000 都怀有抵触的心理。目前，人们基本统一了认识，认为 SA8000 标准的执行可以敦促企业以人为本，促进企业可持续发展。

以亚当·斯密为代表的古典经济学家从提高效率和增加国民财富的角度来理解企业，认为分工是提高生产力的主要原因，把企业看作将资本和生产要素的投入转化为产出，从而产生社会财富的生产单位。企业之所以存在，是因为企业的生产力比家庭作坊以及手工工厂要高得多。总而言之，古典经济学家是从效率和利润最大化的角度来解读企业的，他们把企业的性质定位于经济组织，企业经营的目的是实现利润最大化，换言之，企业的责任只有一个——经济责任。

随着经济的发展和社会的进步，对企业是否应当承担社会责任以及承担什么样的社会责任的探讨一直没有停息。利益相关者理论认为，企业要对利益相关者承担包括经济责任、法律责任、伦理责任、慈善责任在内的多项社会责任。

从企业发展史来看，企业的发展经历了经济责任和社会责任不断分离融合的过程。经济高速增长时期，由于企业片面追求利润最大化，给社会带来了贫富分化、社会不公正、社会道德沦丧、消费者权益损害、能源匮乏、环境破坏等前所未有的灾难。面对这些严重的社会问题，学者们纷纷提出了批评和警告，使企业经营者不得不进行深刻的反思，开始重视社会财富的公正分配、经济与社会的协调发展、企业与利益相关者的关系协调等问题。

如今，很多优秀企业对于社会责任的认知态度已由单纯的"企业社会责任"上升到了"企业公民"层次，如图 4-1 所示。

图 4-1 企业对社会责任的认识进步

企业公民是对现代企业地位、角色身份和功能价值的一种人格化考量。企业公民就是指企业作为社会的经济组织，和自然人一样，既是社会的一个公民，也是社会的一个分子，也应该像公民一样对社会承担相应的义务、履行相应的权利。企业不仅要提供满足社会需求的产品和服务以保证企业的生存和发展，还应该遵守基本的道德准则，接受社会伦理的约束，主动承担社会责任，并且做到"内化于心、外化于行"，将社会责任融入企业文化这个企业发展的血液之中，整合进企业行动纲领——企业发展战略中。企业通过它的核心商业活动、社会投资、慈善项目以及参与公共政策而对社会做出相应的贡献。从"企业公民"这个角度来讲，企业是"经济人"，也是"社会人"，更是"道德人"。按企业公民理论，企业应对整个社会负责，而企业承担社会责任，处理与经济、社会、环境的关系以及与利益相关者关系的方式也会影响企业的长期发展。"企业公民"是一种名誉，是行业领导者的标记，也是一种向上向善的价值取向，更是一项良好的社会无形资产。

随着企业对自身应承担的社会责任的认知视角和维度的丰富化，企业已实现了从"经济实体"到"企业社会责任"再到"企业公民"的认知进步。在高质量发展阶段，需要企业越来越"自律"，因此企业应该积极争当"企业公民"。

综上所述，高质量发展阶段，企业人力资源管理被赋予了更高的伦理追求，员工、管理者、企业、社会之间的伦理关系也在向更好的方向发展，而伦理关系的变迁是企业人力资源管理伦理建构的行动起点，我们将根据员工、管理者、企业、社会之间伦理关系的发展方向分析建构企业人力资源管理的伦理原则，提升伦理评价的标准，为企业人力资源管理伦理建构的实践探索奠定理论基础。

第二节　伦理原则的守正创新

"伦理原则"是一定社会或阶级用以调整个人与他人、个人与集体、个人与社会之间关系的根本指导原则。也就是说，"伦理原则"是调节伦理关系的指导原则，也是人们在社会关系的一切领域应该普遍遵循的准则，还是评价人们行为善恶的根本标准，更是社会道德体系的核心。作为社会基本组成部分的企业，只有遵循一定的伦理原则，才能实现伦理化管理。没有伦理原则的指导与规范，企业的人力资源管理活动只会追寻利益的脚步，必将物欲横流、利欲熏心，无法实现对企业人力资源的有效治理。

伦理原则的社会基础是社会存在和经济基础，伦理原则同经济原则、价值原则都有着密切关系。一方面，社会主义市场经济由高速增长向高质量增长转型，使得原来建立在高速增长基础上的伦理原则失去了附着的客体，造成伦理原则空缺。另一方面，高质量发展的市场经济在其新的道德规范建设过程中，不但受到传统道德规范的抗拒，还要面临是否适应外来道德规范的挑战，造成了伦理原则冲突。再者，部分现有的伦理原则因不符合市场经济的新要求或过分超前而不合时宜，难以约束经济主体的行为，造成伦理原则的虚置。因此，我们应守正创新企业人力资源管理伦理原则以适应高质量发展的需要。

从既有研究和实践操作来看，企业人力资源管理的伦理原则包括自由平等、诚信、人本主义、公平正义、集体主义、互惠互利等，这些伦理原则都是调节企业人力资源管理伦理关系的行为规范和伦理准则。本书认为，伦理原则应贴近生活、易于理解、便于施行，如若是艰深晦涩、孤芳自赏、脱离实际的空洞说教，必然会无法发挥伦理原则应有的价值导向、道德教化和伦理调节的功能。另外，伦理原则也应与时俱进，这样，才更加富有感召力。通过学习已有研究成果，研究高质量发展对企业人力资源管理提出的要求进行守正创新，本研究提出企业人力资源管理的四大伦理原则：公平正义、以人为本、集体主义、互惠互利。

一、公平正义

"公平正义"，是伦理学的核心概念之一，也是人类永恒追求的核心价值理念，因此，"公平正义"原则成为企业人力资源管理的核心理念和价值来源。它为企业人力资源管理的理论建设与具体实践提供了坚固的立论前提和理论基础。首先，我们来看历史上哲学家们对这一核心价值理念的典型论述。

庄周在《庄子·列御寇》中写道："以不平平，其平也不平；以不征征，其征也不征。明者唯为之使，神者征之。夫明之不胜神也久矣，而愚者恃其所见入于人，其功外也，不亦悲乎！"古希腊，人们普遍将"正义""智慧""勇敢""节制"列为四个主要美德，"正义"占据着举足轻重的地位。柏拉图的学生亚里士多德有句脍炙人口的名言"吾爱吾师，吾更爱真理"，亚里士多德在《尼各马可伦理学》中对"正义"的论述更为详尽，他认为正义有普遍和特殊之分，普遍的正义指的是每个人都应该遵守纪律和道德，特殊的正义指的是对财富、权利的分配，人们应当承认天赋能力的不平等。亚里士多德认为正义要维护的东西，一个是共同的利益，一个是每个人具体的应得的利益。据此，正义被分为总体的和具体的。总体的正义通过维护法律来维护所有公民的共同利益，因此，违法的人是不正义的，守法的人是正义的。而具体的正义又可分为分配正义和矫正正义，分配正义是在荣誉、钱财或其他可拆分的共同资源的分享方面的正义，是自愿地同另一个或更多的人分享共同资源方面的正义；矫正正义是在私人交易中起矫正作用的正义，是在私人的和公民间的不自愿的交往中对已发生的对于一方的损害进行赔偿的正义。

在马克思主义者那里，正义理论呈现出了它的历史性和阶级性。例如，恩格斯就指出：平等的观念"是一种历史的产物，这一观念的形成，需要一定的历史条件，而这种历史条件本身又以长期的以往的历史为前提"。公平正义的内涵是由经济基础决定的，恩格斯又提出：公平"始终是现存经济关系的或者反映其保守方面，或者反映其革命方面的观念化的神圣化的表现"。也就是说，真正的公平正义只有在消灭阶级、消灭剥削的生产力高度发达的共产主义社会的高级阶段才能实现。马克思在讲到资本的时候，曾经说："在这里，同吉尔巴特一起说什么天然正义，这是毫无意义的。生产当事人之间进行的交易的正义性在于：这种交易是从生产关系中作为自然结果产生出来的。……这个内容，只要是与生产方式相适应，相一致，就是正义的；只要与生产方式相矛盾，就是非正义的。"马克思在这里否定了天然正义，指出正义之中包含了人的意志，不仅体现在契约形式上，还体现在法律形式上。因此，马克思主义者普遍认为，公平正义既指社会道德规范，又涵盖了人的交往原则和利益分配原则。

正因为"公平正义"是人类社会生活中一条基本的道德原则，体现在社会生活中的各个层面与领域，所以具有十分重要的伦理价值。企业员工长期持续的工作积极性在相当程度上取决于公平感，所以企业家在企业管理中，对待员工应遵循公平正义的伦理准则。

具体而言，"公平正义"原则有以下内涵：一是权利平等；二是机会均等；三是制度公正；四是分配公平。人力资源管理实践中的公平正义原则要求在人员的选拔、晋升、管理、薪酬等各个环节公平公正，确保不因个人的性别、年龄、文化、民族、宗教、身高、形象、健康状况等因素受到不公正对待。我国的劳动法律法规体系齐全、劳动监察等执法机构队伍健全，但是在实践中，很多企业对于员工的选拔录用和晋升，对于员工的形象、身高、性别、年龄、文化、宗教、户籍地还是存在或明或暗的歧视，这显然违背了企业人力资源管理的公平公正原则，不仅对那些遭受不公正待遇的员工不利，更为严重的是造成了极坏的社会影响，败坏了社会风气。

在企业人力资源管理实践中坚持公平正义原则，应该坚持程序公正。程序公正是实现结果公正的前提和基础，程序公正和结果公正之间的辩证统一关系为：首先，两者相辅相成，公平公正的两个方面是程序公正和结果公正。结果公正是程序公正的价值导向，程序公正以结果公正为目标。缺乏程序公正的结果公正是虚无的，缺乏结果公正的程序公正是空洞的。两者都需要重视，不能偏废。实践中，仅仅重视结果公正或仅仅重视程序公正都是片面的。其次，两者相互补充。程序公正可以通过正当合理的程序，弥补结果公正的不足，赋予结果正当性；结果公正赋予了程序公正实质内容，使之不至于流于形式。最后，两者相互作用。程序公正影响结果公正，没有程序公正，就没有办法做到结果公正；而追求结果公正也势必要做到程序公正。在企业人力资源管理实践中坚持公平公正的原则，还应该注意分配正义问题。要处理好公平与效率、先富与共富的关系。

二、以人为本

中国传统文化中"仁道"思想中包含着意蕴深长的人本思想：儒家主张"仁

者爱人""泛爱众而亲仁""博爱之谓仁"强调"以人道率天道",重视人的地位和作用,提出"民为贵、社稷次之,君为轻"的民本思想;墨家提倡"兼相爱、交相利",提出"必使饥者得食,寒者得衣,劳者得息"的人本主义思想,"仁人之事者,必务求兴天下之利,除天下之害",把利人作为判断是非和道德的标准,肯定了人的利益和需要,把人的利益和需要作为一种价值取向。

人本主义作为西方伦理文化的精髓,是近现代西方文化的理论基石之一。西方的人本主义本意是"仁爱",发端于古希腊城邦智者推行的教育理念。随着资本主义的萌芽,人本主义作为一种价值评判尺度被推陈出新。文艺复兴时期,人本主义成为当时的主题,以人文主义的形态登上了历史舞台。十七八世纪是西方人本主义的全面发展时期,以培根、洛克、伏尔泰、卢梭、狄德罗、康德、费尔巴哈为代表的资产阶级的启蒙思想家们,将人文主义价值观系统化、理论化,倡导以世俗的人为中心,反对以神为中心。

卢梭认为,哲学应从认识人类本身开始,他在《论人类社会不平等的起源和基础》一书中指出,人类在原始自然状态中,是自由平等的,随着生产发展、分工的产生,人类创造更多的财富,物质的富余导致了私有制的产生,而"私有制导致了人与人之间的不平等"。他认为,维护自由平等的权利,就是维护人格的尊严,他的《社会契约论》是一部反专制反暴政的人权宣言。

卢梭的思想启发了康德,使自由成了康德试图解决的最重要的哲学问题,而他的解决办法就是通过"哥白尼式的革命",让伦理学独立于形而上学之外,将自由与自然分开,使伦理学与自然科学界限分明、各得其所。康德提出了"人是目的"的重要命题,他指出:"你要这样行动,永远都把你的人格中的人性以及每个他人的人格中的人性同时用作目的,而绝不只是用作手段",人非手段,而是贯穿于人的一切目的的始终,是总的最高的目的,就是人本身,唯有人性本身、"人格"不能再成为单纯的手段,它是自己实现自己的终极目的。后来,在《道德形而上学原理》中,康德进一步阐述了"人是目的"这个经典命题,将西方文艺复兴以来宣扬的自由、平等、尊严的人本主义思想提升为一个普遍的道德价值观念。

当然，他们提倡的人本主义都是建立在资产阶级私有制基础之上，以个人主义为核心的，脱离社会关系来考察人，从抽象人性论出发论证人的追求和向往，这里指的"人"是脱离社会历史实践的孤立的个人，是精神化的人，所以体现了资产阶级的特性。马克思批判地继承了历史上人本主义的合理成分，建立了马克思主义的人本主义学说。马克思认为，人是具体的、历史的、现实的，只有消灭剥削、消灭资产阶级的社会关系，人才能获得真正的价值和尊严。因此，马克思提出了人的自由全面发展这一命题。

以人为本是马克思主义的价值性原则，马克思主义以实现广大人民利益、解放全人类、实现人的全面自由发展为宗旨。马克思主义从现实的人出发，指明了人是历史的缔造者，要把人从阶级压迫、私有制关系中彻底解放出来，人类解放的核心是实现人民当家作主，人类的美好理想是实现人的全面自由发展的共产主义社会。

以人为本从人与世界的主客体关系着手，宣示了人的主体地位，明确了"人是目的"的根本原则，而人的全面自由发展是终极目的。并且，以人为本还揭示了被各种各样的社会关系所遮蔽的个人的价值。以人为本的思想内涵了肯定人的自由、平等、博爱、公正，肯定人的尊严和价值，重视与促进人的全面自由发展。

在企业人力资源管理实践中坚持以人为本原则，应该充分认识到人力资源是企业第一资源，肯定并尊重员工的人格、价值、工作、尊严和权利，尊重员工的个性自由和意志独立，关爱员工，关心员工的物质和精神生活需要，为员工创造快乐工作的氛围，努力帮助员工进行价值实现，发挥员工的积极作用，以员工和企业的共同发展为愿景，努力实现员工的自由全面发展。

以人为本思潮在当代中国的复兴，是思想解放运动的深化。其实质意蕴是在中国现代化进入新时代的大背景下，如何对待西方现代文化和中国传统文化，创立改革开放和社会主义现代化建设所适应的中国现代意识。

综上所述，"以人为本"肯定人的自由、平等权利，倡导人的博爱、公正的义务，肯定人的价值和需要，重视并促进人的自由全面发展。

三、集体主义

在伦理学的基本理论之中，道德原则的核心议题是个人与集体的关系问题。这是道德领域一个具有重大理论意义与实践意义的研究课题。集体主义原则有三个方面的内容，即集体利益优于个人利益，集体利益和个人利益的辩证统一，以及集体主义重视和保障个人的正当利益。

集体主义由来已久，原始社会个人的力量和大自然相比极其低下，离开集体便无法生存，人类为了自身的生存和繁衍，就团结起来建立集体，把个人的力量凝聚到集体中来共同抵御各种风险。这就是集体主义的萌芽，当然，不同时代集体主义被赋予了不同的内涵。

卢梭认为个人只有服从团体的一般意愿，才能获得自己真正的自由。后来黑格尔对此做了更为详细的论述，他认为个人只有绝对服从国家的法律制度，才能真正实现自己的存在和自由。

集体主义作为无产阶级的道德原则，最初是由斯大林提出，并作为社会主义的专属名词加以表述，斯大林指出："个人和集体之间、个人利益和集体利益之间没有而且也不应当有不可调和的对立，不应当有这种对立，是因为集体主义、社会主义并不否认个人利益，而是把个人利益和集体利益结合起来。"毛泽东同志结合我国革命实践，对集体主义原则做出了更加明确、具体的表述，毛泽东指出，要反对利己主义的自发倾向，提倡以集体利益和个人利益相结合为一切言论行动的标准。他强调"集体利益和个人利益相结合"就是"社会主义精神"，他还提出了"兼顾国家利益、集体利益和个人利益"的总方针。

由此可见，集体主义这个概念最初是资产阶级思想家作为一种立法原则提出来的。而作为道德原则，则是经过无产阶级改造，具有了全新的阶级基础和价值内涵的原则。

集体主义，是主张个人从属于社会，个人利益应当服从社会利益、国家利益、集体利益的一种思想理论，集体主义的最高标准是一切言论和行动符合人民群众的利益。社会主义经济、政治制度为实施集体主义道德原则创立了基本社会条件，提供了现实基础。无产阶级和广大人民群众的根本利益，也在集体主义中得到了充分体现。

集体主义强调集体利益重于个人利益。当个人利益与集体利益发生冲突时，应该顾全大局，以集体利益为重，必要时，为了集体利益，要牺牲个人利益，甚至为了集体和国家的需要，奉献出自己宝贵的生命。集体主义强调个人、集体、国家三者利益的辩证统一，在社会主义社会，个人利益、集体利益、国家利益在根本上是一致的。社会主义的集体代表着集体中每个成员的利益，集体中每个成员的个人利益必须在集体中才能实现和得到保障。而集体的存在与发展，也离不开个人的劳动创造，集体利益的增长，必须体现在每个具体成员的利益的实现与增长上。两者是相得益彰的，反之，则一损俱损，因此，三者利益是辩证统一的。集体主义强调在维护集体利益和国家利益的前提下，满足正当的个人利益需求，并力求使个人的正当利益得到最大限度的满足，充分实现个人的最大价值。中国特色社会主义新时代，社会主义社会生产的目的是满足人民群众日益增长的美好生活需要。社会主义的本质就是解放和发展生产力，实现共同富裕和人的全面解放。

社会上存在对集体主义道德原则的质疑，认为集体主义是计划经济的产物，认为集体主义和个人利益相矛盾，认为我国实行社会主义市场经济，不能再提倡集体主义原则，这显然是错误的，主要有三个原因：一是未深刻解读、认真理解集体主义，因为过去的片面解读，忽视甚至否定个人正当利益的合理性，只强调个人服从集体，忽视了对个人正当利益的保护和满足。二是未正确理解集体主义、个人主义、利己主义的本质差别。三是未能理解集体主义和社会主义市场经济有着必然联系。

为克服市场经济负面效应的需要，集体主义原则具有客观必要性，同时，集体主义原则是新时代实现共同富裕的保证。因此，在社会价值观多元化的今天，我们更需要坚持集体主义的价值导向。

四、互惠互利

互惠互利原则是企业人力资源管理伦理的重要原则。虽然劳资双方具有天然的对抗性，为了实现各自利益的最大化，会不断进行博弈。但过分追求单方利益，可能会出现"零和"的结果，只有劳资双方目标一致，才能达到双方之间利益的平衡，才能实现企业与员工的双赢。道德是离不开现实经济生活的，道德是有功利性的。资本主义社会，利己主义大行其道，认为人与其他生物一样只有"利己本性"，认为人应当也必须利己。中华人民共和国成立后，在很长一段时间内实行计划经济，道德原则强调集体主义和利他主义，推崇无私奉献的道德，认为道德的起点和目的都是为了别人的利益。用辩证唯物主义和历史唯物主义的眼光来看，以上两种倾向在特定的历史时期都有其存在的意义和价值。但是，改革开放后推行市场经济以来，我们更加倾向于建立一种和社会主义市场经济相协调的道德原则，其中之一就是互惠互利原则。在社会主义市场经济条件下，承认个人利益是市场经济发展的需要。社会主义市场经济发展的目的是消灭剥削、消除两极分化，最终达到共同富裕，因此，承认个人利益是互惠互利，强调主体间的互利性。

企业与员工是一种契约合作关系，但劳资双方并非单纯的经济关系和法律关系，还是互惠互利的合作关系。只有互惠互利，两者之间的合作关系才能持续下去；只有两者目标一致，才能达到平衡，实现企业的长远发展，员工才能得到更好的保障和发展，才能实现体面劳动，社会才能稳定发展。企业人力资源管理伦理的水平，是由劳资双方的伦理水平决定的。劳资双方伦理道德水平高，能让劳资双方协调一致，实现双赢，实现以德报德的良性循环。而劳资双方的道德水平低下，将会导致劳资双方片面追求己方利益而损害对方利益，甚至违规、违纪、违法，因此，劳资双方应在互惠互利的原则上构建协作双赢的合作关系。

互惠互利更是企业人力资源管理的重要伦理原则，企业与员工是互利双赢的共同体。因此，不仅企业必须以人道的方式对待员工、理解员工、相信员工、善待员工，为员工提供安全舒适的工作环境，提供施展才能的平台，使员工在认真完成企业绩效的同时努力实现自身价值，并得到应有的报酬，实现体面劳动；员工也应该以忠诚的态度对待企业，需要对企业讲道德、讲诚信、讲忠诚、爱岗敬业、兢兢业业，为实现企业目标而拼搏，努力为企业创造价值。只有坚持互惠互利原则，才能实现劳资关系和谐，才能实现企业和员工的共同发展。

综上所述，企业人力资源管理的伦理原则不是孤立存在的，而是相互交织在企业人力资源的管理活动中，指导着企业人力资源管理实践。

第三节　评价标准的伦理优化

伦理评价是人们在特定的社会形态和历史背景下的道德活动中，按照一定的道德要求和道德规范，借助社会舆论、传统习俗、公德心等，对行为、现象及其道德价值做出的评判。伦理评价通过对道德善恶的奖惩进行社会道德调控，通过调节人们的情感及意志取向和内心信念来培养人们高尚的道德品质，通过道德示范及道德教化将道德他律转化为道德自律，是社会道德生活的重要调节器，对社会整体道德风尚的提高有着重要作用。

社会主义制度的根本性质决定了广大劳动者是国家的主人，新时代尊重劳动、尊重劳动者，发展的目的也是让人民共享发展成果，因而劳动者的要求和期待也绝不可能停留在维护劳动报酬权、争取薪资待遇这一最初级的水平上，我们对于劳资关系的追求也不可能停留在减少劳资矛盾这一最基本的层面上。因此，我们应优化企业人力资源管理伦理评价机制以适应当下高质量发展的需要。

伦理评价需要坚持全面性、公正性、合理性原则。在评价企业人力资源管理伦理行为善恶的过程中，只有坚持动机与效果的统一、目的与手段的辩证统一、从历史的维度进行评价，才能使相关伦理评价客观而公正、全面而科学。随着高质量发展阶段伦理关系的变迁，伦理评价标准也要相应提升。本书认为，面向高质量发展的企业人力资源管理伦理的评价尺度为促进人的自由和全面发展、保障体面劳动、营造劳资关系和谐共生。

一、从"单向度"的人到人的"自由和全面发展"

当代西方马克思主义法兰克福学派哲学家马尔库塞（Herbert Marcuse）被认

为是"弗洛伊德主义的马克思主义"的主要代表人物，他在《单向度的人》中，描写了当代发达工业社会的新型极权主义特点。这里的新型的"新"在于：发达工业社会虽然不是一个自由的社会，但毕竟是一个舒舒服服的不自由社会。发达工业社会虽然是一个有效控制着人的极权社会，但毕竟是一个使人安然自得的极权主义社会。而他所说的发达工业社会的"极权主义"，从政治上来看，作为社会革命力量的无产阶级，随着机械化带来的劳动量和劳动强度的降低，随着蓝领工人白领化，随着非生产性工人的增加，逐步丧失了否定性和革命性。因此，这种极权主义社会成功地实现了政治对立面的一体化，从而消除了反对派推翻政治统治的可能性。从生活领域看，发达工业社会使人的生活方式同化起来。由于生活方式的同化，大家都"分享制度的好处"，以往那种在自由和平等名义下提出抗议的生活基础也就不复存在了。从文化领域来看，高层次文化与现实也同一化了。高层次文化本来与现实保持了不同的向度，但是因为发达工业社会的高层次文化不再想象另一种生活方式，只是想象同一种生活方式的不同类型，因此，高层次文化不再与现实有根本区别的另一个向度，变成了单向度的肯定，失去了超越自身继续发展的可能性。从思想领域来看，实证主义、分析哲学的流行也标志着单向度思考方式、单向度哲学的胜利。

这种发达工业社会是极权主义社会，它压制了反对派和反对意见，压制了人们心中的否定性、批判性的向度，使这个社会成了单向度的社会，而生活在这个社会中的人，丧失了批判、超越、否定的能力，成了单向度的人。

马尔库塞描绘的发达工业社会中只有物质生活，缺乏精神生活的人，只有肯定性，缺乏否定性、批判性和超越性的人，也就是"单向度的人"，今天是否存在？答案是肯定的。在技术理性统治和技术异化的世界中，现代人异化的生存境遇和生存状态是普遍存在的。他们作为"人"缺乏自主性、人的价值和尊严，人的本性未得到解放。这样的人沉溺于不断实现的消费需求和生活需要得到了满足，例如，一些追求使用最新款手机的消费者，在某外国品牌手机刚上市的时候，为了追求所谓的时尚，加价购买这些舶来品，甚至还有过报道，有人"割肾买手机"，仿佛享受到最新款的手机就是莫大的幸福。但是这样的消费需要是虚假的，是被高度发达的工业社会创造出来的需要。而随着生活水平的不断提高，人们享受着这种"幸福"的奴役，放弃了抵抗，丧失了否定性和批判性，成了"单向度的人"。人是社会的主体，人的发展牵动和制约着社会的发展和进步，人的单向度发展，使社会发展脱离了人的进步，也就成了虚假的进步。

虽然马尔库塞描绘的是资本主义高度发达的工业社会，我国是社会主义国家，但在社会主义初级阶段，资本主义生产方式和资本主义经济规律仍然在一定范围内存在并发生作用，因此，人的异化现象尚未完全消失，在一些领域仍然存在着技术异化对人性的压抑，技术理性的发达使现代社会运用娱乐消遣等消费手段，迫使人们心甘情愿地忍受着人性的扭曲，沦为物欲的奴隶，在一定程度上成为"单向度的人"。

那么，如何扬弃技术异化、如何解放"单向度的人"？我们还是应该坚持马克思主义，以"人"为真正的目的和中心，关心人的切身利益，提高人的道德修养，坚持人的"全面自由发展"。

从人的发展角度来看，人的自由全面发展是人的未来发展的理想状态；从社会发展的角度来看，理想状态是"自由人联合体"即共产主义社会；而从人的发展与社会发展相统一的角度来看，每个人与其他一切人的自由全面发展是理想境界。马克思主义以人的自由关系为尺度，划分社会形态。因此，扬弃技术异化、解放"单向度的人"，首先，还是应该回到"人"的立场，关注人的发展，坚持以人为本，任何政策措施都要围绕人的发展进行。其次，应坚持物质文明和精神文明两手抓，不能偏废。再次，要切实了解并争取满足广大人民群众的实际需求，以人民为中心，以群众利益为行动出发点和落脚点，尊重人民群众的实际需要，充分发挥人民群众的主观能动性，通过社会主义核心价值观建设，引导广大人民群众全面自由地发展。最后，要尊重人的双向度发展权利，要营造双向度发展的社会氛围，鼓励高层次文化的双向度发展，以社会主义核心价值观引领高尚的文化建设，鼓励否定性、批判性和超越性的高层次文化"百家争鸣、百花齐放"，做到真正的文化自信。推动哲学等社会科学大发展，让哲学等社会科学真正履行"历史的任务"，培育和践行社会主义核心价值观。

马克思通过"政治经济学批判"，揭示和论证了从"异化劳动"到"自由劳动"

的"劳动解放"的全面意义。提倡"每个人的全面而自由的发展"，追求"人的解放"是马克思的人生志趣，实现人的自由和全面发展是马克思主义的终极追求。

社会主义发展的最终目标是实现共产主义，只有在社会主义社会充分发展和高度发达的条件下才可能实现共产主义。当前我国仍然处于并将长期处于社会主义初级阶段，企业人力资源管理伦理是社会主义道德这个上层建筑的具体环节，因此，加强伦理道德建设，是实现人的自由全面发展的关键路径。人们在不断加强自身改造的过程中逐步向人的自由和全面发展的理想迈进。在马克思主义看来，人类如果不破坏旧社会的制度和机构，就不能摆脱因阶级对立和人对人的剥削压迫造成的人的本质异化现象；同理，人类如果不在意识上消除私有制的旧观念，就不能使自己摆脱人的片面发展的异化现象，因而需要不断加强思想改造和教育。

进入共产主义社会，劳动将不再被异化，将真正成为自由的、自觉的劳动，劳动将成为人们生活的第一需要，成为自由自主的活动，人将自身的发展作为目的，可以有充裕的时间根据自己的兴趣、爱好和需要来从事与个人才智、体力、品格和个性相关的活动，才能成为全面和高素质的人。

促进人的自由和全面发展是新时代中国特色社会主义建设的价值追求。因此，企业人力资源管理伦理评价的最高标准是能否促进人的自由和全面发展。

二、从"多劳多得"到"体面劳动"

改革开放之初，我国积极提倡"按劳分配、多劳多得"的分配体制改革，喊出了"让一部分人先富起来，先富带动后富"的口号，应该看到，这种分配机制适应了当时我国社会主义初级阶段社会发展、经济体制改革的国情，起到了解放和发展生产力的作用，极大地推动了社会生产力的发展，推动了改革开放以来的社会经济大发展。我国改革开放四十多年来的成就令世人瞩目：综合国力显著提升，社会财富空前高涨，国民生产总值、人均国民收入均得到了前所未有的提升。

与此同时，我们应该明白，无论是"先富"还是"后富"，都是从分配公平的角度探讨劳动者最基本的权利——劳动报酬权。而且,很长一段时间以来,人们从分配公平角度谈劳动报酬权,批判诸如工资的拖欠、克扣和垄断行业工资过高、高管的天价薪酬、两极分化等不合理现象,要求和期盼的是工资的及时、足额发放,同工同酬,薪酬水平与社会生活水平的同步增长等。

劳动是充满了人类道德力量和人性光辉的伟大活动。社会主义制度的根本性质决定了广大劳动者是国家的主人,新时代尊重劳动、尊重劳动者,而劳动者的要求和期待也绝不可能永远停留在维护劳动报酬权、争取薪资待遇这一最基本的水平上。根据马斯洛的需求理论,随着经济发展水平提升,民众在人力资源管理实践中会更加关注自我实现的幸福感和成就感,因此,有尊严的体面劳动成了劳动者新的追求。

"体面劳动"的概念一经提出,便得到了我国政府和社会的积极响应。"体面劳动"从劳动与人的发展的视角阐述了劳动的伦理价值。"体面劳动"有四个方面的意义:一是有尊严的劳动,"体面劳动"最大的特点在于维护劳动者的尊严,"体面劳动"旨在维护所有劳动者的人格尊严,无论职业性质、行业类型,无论是体力劳动还是脑力劳动,都应该一视同仁,都应该获得尊重。二是体现公平的劳动,"体面劳动"要求劳动机会平等、劳动报酬平等。三是保障安全的劳动,"体面劳动"要求劳动者获得安全、舒适、有保障的劳动环境。四是实现自我的劳动,"体面劳动"要求劳动者能在创造劳动价值的同时实现自身价值。

中国特色社会主义经济建设强调以人为本,而以人为本的落脚点实际上就是尊重和保障劳动者的权益。因此,构建面向高质量发展的企业人力资源管理伦理的评价尺度还应该包含"体面劳动"。

首先,"体面劳动"是社会主义制度的本质要求。广大劳动者是国家的主人,是推动经济社会发展、维护社会安定团结、建设和谐劳动关系的根本力量。劳动是财富的源泉,也是幸福的源泉,还关涉劳动者的尊严和人生价值的实现,所以,社会主义制度尊重劳动,努力让劳动者实现"体面劳动"。

其次,"体面劳动"是建设和谐社会的必然要求。社会主义和谐社会的建设主体是广大劳动者,只有实现"体面劳动",尊重劳动者的人格,维护劳动者的尊严,才能充分调动广大劳动群众的聪明才干和积极性、主动性、创造性,才能更快更好地建设社会主义和谐社会。

最后，我国已经具备了实践"体面劳动"较为充分的条件。改革开放四十多年来，我国经济实力的增强，人民生活水平的提高，为劳动者实现"体面劳动"创造了物质基础；尤其是科学技术的高速发展促进了生产力的极大提高，为劳动者实现"体面劳动"创造了更加充沛的条件，而掌握了新技术的劳动者，不再是资本眼中的商品，而是追求尊严和自我实现等更高层次需求的人；科技进步使得劳动者体力劳动的范围不断缩小，劳动者能够不断摆脱繁重的、恶劣的、不卫生的、不安全的劳动环境，这些也为劳动者实现"体面劳动"创造了现实条件。

但是，我们还应该承认，我国现阶段在实践"体面劳动"方面仍然存在着一些障碍。政府、企业、员工、社会应该联合起来，为劳动者提供公平的就业机会、良好的劳动条件、安全的社会保障，充分维护劳动者的尊严，让劳动者享受劳动的快乐，使劳动者能真正感受到有尊严的"体面劳动"。

因此，在社会经济高质量发展的今天，企业人力资源管理伦理的评价标准随着时代的发展而提升，从劳动待遇、劳动环境的层面来看，评价标准应该提升为追求有尊严的"体面劳动"。

三、从"减少劳资矛盾"到"劳资和谐共生"

员工和企业之间因薪酬待遇、劳动环境、劳动时间、工伤待遇、社会保障等问题引起的冲突可以称为劳资纠纷或者劳资矛盾。随着我国经济的快速发展，劳资纠纷、劳资矛盾越来越尖锐，尤其是《劳动合同法》实施之后，我国的劳资矛盾呈高发态势，不仅数量上呈现出上升态势，在成因上呈现出多元化、复杂化的趋势，而且因现阶段调整劳资关系的制度不完善，解决难度也是越来越大。

马克思在《给临时中央委员会代表的关于若干问题的请示》中指出："资本是集中的社会力量，而工人能支配的力量只有自己的劳动力。因此，劳资之间永远不可能在公平的条件下缔结协议，即使在物质生活数据和劳动数据的所有权同活的生产力相对抗的社会看来的公平条件下也不可能。工人的社会力量仅在于他们的数量。然而，数量上的优势被他们的分散状态所破坏。工人的分散状态之所以造成并长期存在，是由于他们自己之间的不可避免的竞争。"马克思是在对当时的资本主义社会现实的批判中来分析劳资双方对立的根本原因的，在社会主义社会，社会制度对人的压迫和剥削已经不复存在，但我国仍然是发展中国家，仍然处于并将长期处于社会主义初级阶段的基本国情没有发生变化。社会主义初级阶段生产资料所有制是以公有制为主体的多种所有制共存，鼓励并吸引民营资本和外国资本。因此，虽然阶级对立已然消失，但是社会利益集团之间的矛盾在一定程度上仍然存在，例如金钱本位下工具理性的无序扩张、市场万能论下自由观念的扭曲与滥用、资本逻辑下劳动与人性的对立、极端个人主义利益观下竞争的无序与无良、经济全球化下资本的无度与无序。这些矛盾在特定的形势下，还将通过各种形式爆发出来。加上我国处于经济转型和社会转轨阶段，调整劳资关系的制度和机制尚不完善，因此，劳资矛盾仍然时有发生。

和谐历来是人们的奋斗目标和社会理想。从古希腊柏拉图的《理想国》到欧洲的空想社会主义，到儒家的"和而不同"，历代思想家提出了各种和谐社会的蓝图，体现出对和谐思想孜孜不倦的追求。

劳动关系是现代社会最基本、最重要的社会关系之一。社会和谐首先应该是劳资关系和谐。和谐的雇佣关系氛围是和谐劳动关系、和谐企业的重要体现，而建立和谐企业是每个企业所追求的。和谐，是对立事物之间在一定的条件下相对、辩证的统一，是不同事物之间相辅相成、共同发展的关系。劳动关系和谐共生，是企业长远发展之道，更是社会主义和谐社会的重要保证。

劳资关系和谐是以劳资关系中人与人之间关系的和谐为基础的。劳资关系既是互惠互利的合作关系，更是追求和谐的伦理关系，只有劳资关系和谐，劳资双方的合作关系才能延续，只有劳资关系和谐，才能实现企业的长远发展，才能实现员工的体面劳动，才能实现社会的安定团结。

企业应该以员工为中心，为员工创造安全、舒适的工作环境，提供健全、温馨的劳动保障，信任、关爱并尊重员工，为促进员工的全面发展创造条件。首先，要保证员工的生命安全，改善劳动环境、降低劳动强度、提高福利待遇。其次，提高员工的工作和生活质量。最后，为员工发展创造机会，员工是有着物质需求和精神需求的劳动主体，不能把员工看成劳动的工具，而应真正把员工当作劳动的主体，提高员工素质，为员工发展提供机会。人力资源部门应该调查员工需求，合理规划员工的职业生涯，为员工提供合适的岗位并且制订出合理的培训计划，创造岗位晋升机会；员工则应爱岗敬业，爱企如家，为企业的兴旺发达做出贡献。

劳动关系和谐并不意味着不存在矛盾，企业和员工的和谐劳动关系可以"和而不同"，劳动关系双方各自追求利益的最大化是市场经济的必然，关键是利益双方通过一定的机制，进行利益协调，在某个阶段实现劳动关系与利益关系的和谐。

共生关系，这个从生物学研究演化而来的理论在社会科学领域指的是相互依存、和谐、统一的命运共同体关系。这种共生关系是超越和谐这种"和而不同"关系的。一般情况下，劳动者与企业之间的劳动关系被视为利益冲突的对立关系，特别是现代企业生产模式中，双方的信息不对称、责任不对等以及利益不相容等更加剧了劳动关系冲突的可能性。但从共生理论来看，劳资双方不应是对立的博弈主体，而是利益、信息、物质共享的共生单元。

企业是活动着的有机体，它对个人的劳动做出回馈，它应该主动关心员工的正当合理的利益。企业与员工之间，应该是利益和谐共生的关系，企业没有员工，无法进行生产经营活动，而员工离开企业，失去了工作的权利，也就失去了生存的保障。企业关爱员工，员工为企业认真工作。员工也应该认清个人利益和企业利益的关系，充分认识到自我价值必须通过企业和国家的发展才能实现，个人应努力为企业为国家多做贡献。在企业和员工之间，除了法律法规和劳动契约，还有伦理氛围，好的伦理氛围，员工和企业双方受益，企业和员工之间的伦理关系，有各种类型，理想的状态应该是关怀型的伦理氛围。

在高质量发展阶段，经济形势复杂多变，劳动关系的社会关注力度逐步加大，扩大就业、稳定就业的压力仍较大，构建和谐共生的劳动关系，成为新时代一个不容忽视的重要问题。我们应该立足于高质量发展的新要求，进一步优化公共服务，围绕发展和谐共生劳动关系的目标，以改善劳动关系、提高职工工资、扩大社会保障覆盖面为重点，在提高劳动报酬比重和根治欠薪问题上取得新进展，在扩大社会保障覆盖面上取得新成效，在深化和谐共生劳动关系创建、促进劳动者实现"体面劳动"上取得新突破。因此，新时代企业人力资源管理的伦理评价标准，在劳资关系层面应该上升到追求劳资关系和谐共生。

综上所述，高质量发展背景下企业人力资源管理伦理的评价标准是实现人的自由全面发展，让劳动者从事有尊严的"体面劳动"，营造和谐共生的劳资关系。

第四节 文化赋能企业人力资源管理伦理

企业人力资源管理的健康运行需要道德的滋养和伦理的规范。处理好人力资源管理伦理问题，是提升企业竞争力、实现企业基业长青的有效途径。因此，越来越多的企业和个人开始重视企业人力资源管理伦理。

中华传统文化富含处理人与自然、人与人、人与社会关系的深刻哲理。中华传统文化是中华民族的突出优势，是社会主义现代化的文化根基；世界文明的有益成果，作为人类共同的宝贵财富，值得我们批判地吸收借鉴；改革开放精神是党在领导人民进行改革开放伟大事业的过程中形成的时代精神，是坚定新时代中国特色社会主义道路自信的独特民族精神；新发展理念，为今后相当长时期内我国社会经济发展提供了战略指引，具有十分重要的理论意义和现实价值，是对马克思主义发展观的重大创新发展，深入拓展了中国特色社会主义发展道路。

本书认为，中华传统文化精神、改革开放精神、新发展理念、世界文明有益成果是当下企业人力资源管理的伦理文化优势。弘扬优秀传统文化、吸收世界文明有益成果、发扬改革开放精神、坚持新发展理念，有利于引领社会良好风尚、打造健康有序的营商环境，有利于企业正确把握国内外形势、有效融入高质量发展潮流、积极履行社会责任、实现可持续发展，有利于实现个人的自由和全面发展。

一、传统文化的传承与创新

源远流长、博大精深的中华民族传统文化绵延五千年。传统文化是中华民族生生不息、团结奋进的不竭动力，是全体中国人的精神家园。善解能容、厚德载物、以和为贵、协和万邦、和而不同、四海一家等文化理念，不仅塑造了中华民族鲜明的文化品格，深刻影响着中国人的世界观、价值观、人生观，还积极推动了人类的文明进步和世界的和平发展。天下兴亡、匹夫有责的担当意识，精忠报国、振兴中华的爱国情怀，崇德向善、见贤思齐的社会风尚，孝悌忠信、礼义廉耻的荣辱观念，体现着评判是非曲直的价值标准，潜移默化地影响着中国人的行为方式。中国是文明古国、礼仪之邦，在五千年的文明发展史中，中国的传统伦理道德源远流长、不断发展，为维护历代社会的发展提供了人与人相处的各种行为准则和规范。儒家"内圣外王"的人格理想、博爱思想、经世济民的传统、注重道德文化修养、注重民族气节的精神和"穷则独善其身，达则兼济天下"的人生哲学已然深刻地烙在国人心中，成为数千年来中国知识分子向往并追求的理想人格。因此，在企业人力资源管理伦理的建设中，汲取传统美德精髓，参考借鉴古代优秀伦理思想，对于企业人力资源管理伦理的构建具有重要的理论和实践意义。

首先，人力资源管理伦理建设就是企业达到"内圣"这个理想状态的最佳方案。儒家伦理思想的核心"仁"，体现了"以人为本"的理念，对于企业人力资源管理而言，企业应该真正关心员工、爱护员工，做到以人为本的人本管理；儒家讲的"以德服人"，显示了道德在管理中的重要作用，因此伦理道德建设对于人力资源管理而言意义重大；子曰："君子喻于义，小人喻于利"，明确了重义轻利的义利观，企业人力资源管理中的员工激励方式，应该在注重物质激励的同时重视精神鼓励的作用；子曰："见贤思齐焉，见不贤而内自省也"，孔子将"仁爱"作为一种道德义务，提出"为仁由己"的道德自律。在企业人力资源管理中，劳资双方都应该注重品德修养；儒家文化提倡的"和为贵"，对于企业人力资源管理而言，企业应构建和谐劳资关系。这些，对新时代企业人力资源管理伦理建设有深刻的指导意义。

其次，管仲的《管子·立政第四》中所提及的"三本""四固"对于企业人力资源管理中的"选用育留"有着深刻的启迪和借鉴意义。"三本","一曰：德不当其位，二曰：功不当其禄，三曰：能不当其官。此三本者，治乱之原也"。"四固"，"一曰：大德不至仁，不可以授国柄。二曰：见贤不能让，不可与尊位。三曰：罚避亲贵，不可使主兵。四曰：不好本事，不务地利，而轻赋敛，不可与都邑"，即要求在选材用人方面必须坚持"德才兼备、以德为先"。另外，《管子·牧民》还指出"故知时者，可立以为长；无私者，可置以为政；审于时而察于用，而能备官者，可奉以为君也。缓者，后于事，吝于财者，失所亲，信小人者，失士"。则明确了选拔人才需要坚持"识人善任、量才录用"的原则。

再次，孔子在《论语·季氏》中言："闻有国有家者，不患寡而患不均，不患贫而患不安。盖均无贫，和无寡，安无倾"。而《孙子兵法》在《计篇》中把"赏罚孰明"作为"七计"之一，要求对下属的赏罚必须"悬权而动"，公开、公平、适度。这就提醒了我们应该在企业人力资源管理过程中坚持公平公正的原则。

最后，"不患寡而患不均"思想，不仅提倡公平地分配，而且将经济分配与社会稳定联系起来，从新时代的角度解读，其实质上也是提倡了社会的公平公正。

中华传统文化的继承与发展逐渐融入中国特色社会主义文化建设，成为新时代引领民族复兴的一股强大精神力量。我们应该充分吸收传统道德文化的精华，概括其中具有普遍价值意义的伦理观念，做到古为今用。当然，传统道德文化中精华与糟粕并存，我们不能抱残守缺，应尊重传统伦理的内在价值，弘扬优秀的传统文化，同时要正视历史，摒弃传统伦理的糟粕。要充分挖掘积淀数千年的丰富的道德文化资源，推进传统道德的现代转型，促进传统道德文化与现代的融合。我们应该以社会主义核心价值观为引领，在取其精华、去其糟粕的基础上坚持"古为今用"的原则，以优秀的传统文化精神丰富新时代中国特色社会主义道德体系。

二、改革开放精神的发扬光大

伟大的改革开放事业孕育形成了伟大的改革开放精神。改革开放精神是党在领导人民进行改革开放伟大事业的过程中形成的时代精神，已成为我国新时代改革开放再出发的根本遵循。在建设中国特色社会主义伟大事业的征程中，我们要大力传承和弘扬改革开放精神。其丰富内涵包括解放思想的变革精神、与时俱进的创新精神、脚踏实地的务实精神、坚持不懈的奋斗精神。

（一）解放思想的变革精神

改革开放的基础是变革。中华民族传统文化中蕴含了深厚的变革精神。中国的改革开放史，就是一部思想解放史。改革开放之初，我国面临生产力发展水平低、人民温饱问题待解决、科技教育落后、社会保障水平低等问题。解放思想的变革推动并保障了改革开放的顺利进行，促成了今天改革开放的新局面和社会主义现代化的光明前景，使中华民族走上了伟大复兴之路。

（二）与时俱进的创新精神

改革开放的本质是创新，创新是改革的第一动力，是我们党保持生机活力和先进性的重要推动力和实现方式，无论国家建设还是党的建设都需要充分发挥理论与实践创新的作用，实现理论创新与实践创新的良性互动。

改革开放四十多年来，我们党将创新精神运用到各个领域，积极探寻建设中国特色社会主义伟大事业的新办法、新答案、新出路，实现了理论创新、制度创新、实践创新等各个方面的创新：理论创新是改革开放的精神指引。中国共产党积极地将马克思主义原理与中国实践结合，极大地丰富和发展了马克思主义，把坚持马克思主义和发展马克思主义统一起来，结合新的实践不断做出新的理论创造，这是马克思主义永葆生机活力的奥妙所在。

（三）脚踏实地的务实精神

改革开放的基调是务实，党一贯的作风就是求真务实、知行合一，务实就是在改革开放中"真抓实干"，关注人民群众最关心的切身利益，增强人民群众的"幸福感"和"获得感"。在工作中求真务实，注重实效，善于执行，放下身段，狠抓落实。

中国共产党始终从当下的国情民情出发，带领广大干群，如实分析中国与发达国家的现实差距，勇于突破自我、自我革新，全面发力、多点突破，努力将解放思想的成果转化为实现高质量跨越式发展的得力举措，转化为赶超先进国家的战略规划，转化为深化改革扩大开放的不竭动力，转化为破除疑难杂症的实践伟力。

（四）坚持不懈的奋斗精神

改革开放的底色是奋斗，奋斗精神，是伟大改革开放精神的关键要义。艰难困苦，玉汝于成。中华民族五千多年的发展史，从来都不是一帆风顺的，改革开放的道路上也是布满荆棘，正是中国共产党凭借坚持不懈的奋斗精神，迎难而上、奋勇争先，克服千难万苦，将一个个不可能改写成为可能。创造出了"人间奇迹"。正是靠着奋斗精神，党领导人民历尽艰辛困苦，开创经济特区、艰苦谈判入世、防范并化解金融危机、不屈不挠应对中美贸易摩擦。40多年来，中国共产党领导全国各族人民凭借着坚持不懈的奋斗精神，走出了中国特色社会主义的康庄大道。

改革开放精神是坚定新时代中国特色社会主义道路自信的独特民族精神。因此，培育和践行改革开放精神，有利于坚定员工共同信念、凝心聚气，对于构建高质量发展阶段企业人力资源管理伦理具有重要指导意义。

三、新发展理念的全面贯彻

高速发展时期，传统的发展理念和发展模式以经济增长为首要目标，将物质财富的积累作为根本目的，忽视了人的发展、社会公平、生态环境，因此付出了社会不公、环境恶化、资源枯竭、生态失衡、两极分化的沉痛代价。

面对纷繁复杂的国内外形势，面对社会经济发展的新形势、新趋势和新挑战，党的十八届五中全会提出了新时代坚持和发展中国特色社会主义的新发展理念，即坚持创新、协调、绿色、开放、共享。新发展理念立足于当前我国的新发展环境和条件，蕴含着解放思想、与时俱进的时代精神追求。新时代，新发展理念既是经济社会发展的指挥棒，也是人才工作的基本遵循。我们应该认真学习、深刻领会、积极贯彻新发展理念，并用其指导和推动企业人力资源管理伦理工作。

创新是发展的第一动力，发展动力决定发展的质量和效能。坚持创新发展，就是在积极应对百年未有之大变局中把握主动权、在经济新常态发展中增强发展动能、实现社会经济健康可持续发展的根本之策，应该把创新置于发展全局的核心位置，不断进行理论创新、制度创新、科技创新、文化创新、管理创新。创新是人力资源管理的内生动力，创新不仅带动创业，还可以带动就业。企业人力资源管理伦理应该以创新为抓手，实施产业结构调整和产业转型升级。促进中小企业发展，提供更多优质就业机会。

开放是发展的必由之路，只有开放才能实现发展的内外联动。改革开放以来，我国日益融入全球经济，在参与全球经济治理的过程中取得了经济的快速发展，不仅如此，我们还吸收了大量先进科学技术和优秀管理经验。但经济全球化也造成了国家间利益分配的不均衡，增加了不确定性，并使经济发展面临巨大挑战。坚持开放发展，要奉行互惠、互利、共赢的开放战略，实行内外需协调、进出口平衡、引资和引智同步、"引进来"和"走出去"并重政策，提高开放型经济层次，积极构建广泛的利益共同体。开放是人力资源管理的必由之路，企业人力资源管理应该以开放为路径，消除人才合理流动的壁垒，拓宽人才合理流动的渠道，创造人才合理流动的良性循环。

绿色是可持续发展的必要条件。人类在长期发展过程中，已经领悟到只有尊重自然、保护自然才能实现人与自然和谐共生，绿水青山就是金山银山，绿色发展就是走生产发展、生活富裕、生态良好的文明发展道路，应该加快建设资源节约型、环境友好型社会，推进美丽中国建设。绿色是人力资源管理的内在要求，企业人力资源管理应该以绿色为指引，完善可持续协调发展的就业之路，必须坚持绿色发展之道，只有生态环保、绿色发展，才能保障民生福祉，保证经济和就业的可持续发展。

协调是健康发展的本质要求，协调主要解决发展不平衡的问题。发展需要协调，同时协调还是发展的目标以及评价标准，发展既需要挖掘潜能、补足短板，又要巩固原有优势、增强发展后劲，更要注重机会平等、均衡配置生产要素，要统筹和加强区域协调发展、城乡协调发展。协调是人力资源管理的重要手段，企业人力资源管理应该以协调为纽带，加强劳资双方对话意识、拓宽对话渠道，构建和谐劳资关系；加强企业人力资源管理伦理建设，让就业载体在关注经济效益的同时，更多地考虑社会效益，为构建新时代中国特色社会主义和谐社会做出积极贡献。

共享是社会主义发展的题中之意，只有共享才能实现社会的公平正义。在中国特色社会主义市场经济建设中，我们应该加强全民共享、全面共享、共建共享、渐进共享，让广大人民群众感受到更多获得感、安全感、幸福感。不但要把"蛋糕"做好，还要把"蛋糕"分好。共享是人力资源管理伦理的根本目的，企业人力资源管理应该以共享为目的，完善按劳分配机制，调整收入分配格局，缩小贫富差距，在实现高质量就业的过程中，让人民群众共建共享高质量发展的美好生活。

创新、协调、绿色、开放、共享的新发展理念是相辅相成的，是具有内在联系的统一。因此，我们应该从整体上把握新发展理念，提高贯彻新发展理念的能力和水平，推动建设现代化经济体系。

四、世界文明有益成果的兼容并蓄

西方伦理学从古代到近现代经过几千年的发展和演变，形成了自己的特点，产生了浓厚的伦理思想理论，积累了丰富的伦理生活体验，对西方社会历史的发展产生了重要的作用和影响。作为人类宝贵的共同财富，批判地吸收借鉴西方伦理理论，从他们的伦理生活中总结经验、吸取教训，对我国当代的伦理建设非常有益，具有重要借鉴价值。而且，对西方相关伦理思想的学习和借鉴，还可以帮我们有效规避现代性的道德风险、跨越西方伦理理论的误区与困境。

（一）重视人的价值

在西方伦理思想中，从古希腊开始就形成了重视人的价值的传统。雅典民主派政治家伯利克里曾提出："人是第一重要的"，大哲学家苏格拉底发出了"认识你自己"的号召，文艺复兴以来，西方先后出现的人文主义、人本主义、人道主义等思想，都主张以人为中心，充分肯定了人的存在、人的尊严、人的利益、人的价值。可以说"人"始终在西方伦理学的视野中占据核心地位，"人"是什么本身就被赋予了深刻的道德含义，人的本质决定了道德，人是道德的起点，也是道德的指向。

（二）重视对正义的追求

西方伦理学的核心理念之一就是正义。亚里士多德认为正义是一切德性的总汇，柏拉图从人和国家两个层面论证了正义理念，西方伦理学围绕着正义形成了几大观点：功利主义正义观、自由至上主义正义观、新自由主义正义观、平等主义正义观。

（三）重视个性和个人发展

与中国传统伦理提倡集体主义不同，西方伦理提倡个人主义和利己主义。从古希腊开始法律就明确保护私有制，保护个人权利不受侵犯。近代资本主义将其系统化为个人主义，强调人人应以自我为中心。

（四）重视道德理论研究

重视道德理论研究，追求真善美的统一。从古希腊开始，西方就重视道德理论的研究，追求真善美的统一，苏格拉底提出了"知识即美德"，认为只有具备道德的理性知识，才能成为有德之人。亚里士多德《尼各马可伦理学》的问世，标志着西方伦理学成了一门独立学科，自此，西方思想家一直关注道德理论，近代西方伦理思想家更强调道德必须建立在人的理性和知识基础上，强调了知识在伦理上的重要性，由于重视道德理论的研究，西方伦理学的发展取得了丰硕的成果。

当然，在学习和借鉴西方管理文化的同时，应该保持清醒的认识。一方面不能故步自封、盲目自大；另一方面也不能妄自菲薄，全盘接受，应坚持在取其精华、去其糟粕的基础上西为中用的原则，应该批判地继承和发扬其先进文化，吸收世界文明的有益成果。

因此，以优秀传统文化为底蕴，以改革开放精神为动力，以新发展理念为引领，以世界文明有益成果为借鉴，厚植企业人力资源管理的伦理优势，既符合中国的国情，又迎合高质量发展的需要，更是对"四个自信"的坚定践行。

第五章

人力资源管理职能的转型与优化

第一节　人力资源管理职能的战略转型研究

一、人力资源管理职能的战略转型

（一）以战略和客户为导向的人力资源管理

近年来，随着经济全球化步伐的加快，企业经营环境日趋复杂化，技术进步尤其是网络和信息技术突飞猛进，员工队伍、社会价值观以及组织所处的内外部环境都发生了很大变化，这些情况使组织中的人力资源管理职能面临着越来越严峻的挑战。在这种情况下，出现了很多关于人力资源管理职能的变革，如人力资源管理应当从关注运营向关注战略转变；从关注短期向关注长期转变；从行政管理者向咨询顾问转变；从以职能管理为中心向以经营为中心转变；从关注内部向关注外部和客户转变；从被动反应向主动出击转变；从以完成活动为中心向以提供解决方案为中心转变；从集中决策向分散决策转变；从定性管理向定量管理转变；从传统方法向非传统方法转变；从狭窄视野向广阔视野转变等。

毋庸置疑，上述想法都有一定道理，但必须强调的一点是，人力资源管理职能的战略转变并不意味着人力资源管理彻底抛弃过去所做的一切，相反，现代人力资源管理职能必须在传统和现代之间找到一个适当的平衡点，只有这样才能为组织的经营和战略目标的达成提供附加价值，帮助组织在日益复杂的环境中获得竞争优势。

人力资源管理在一个组织的战略制定以及执行过程中起着非常重要的作用，它不仅被运用于组织制定战略的过程中，而且要负责通过制定和调整人力资源管理方案和计划来帮助组织制定的战略被贯彻和执行。然而，人力资源管理职能部门要想在组织中扮演好战略性的角色，就必须对传统的人力资源管理职能进行重新定位；同时，要围绕新的定位来调整本部门的工作重点及在不同工作活动中所花费的时间。

如果把人力资源管理定位为一种战略性职能，那么人力资源部门就应当是一个独立的经营单位，它具有自己的服务对象，即内部客户和外部客户。为了向各种内部客户提供有效的服务，这个经营单位需要做好自己的战略管理工作，在组织层面进行的战略规划设计，同样也可以在人力资源部门内部进行。近年来，在人力资源管理领域中出现了一个与全面质量管理哲学一脉相承的新趋势，那就是企业的人力资源部门应当采取一种以客户为导向的方法来履行各种人力资源管理职能，即人力资源管理者应把人力资源管理职能当成一个战略性的业务单位，从而根据客户基础、客户需要以及满足客户需要的技术等，来重新界定自己的业务。

以客户为导向，是人力资源部门在试图向战略性职能部门转变时，所发生的一个最为重要的变化。这种变化的第一步就是要确认谁是自己的客户。需要得到人力资源服务的直线管理人员，显然是人力资源部门的客户；组织的战略规划团队，也是人力资源部门的客户，因为这个小组也需要在与人有关的业务方面，得到确认、分析，并且获得建议；此外，员工也是人力资源管理部门的客户，他们与组织确立雇佣关系后，获得的报酬、绩效评价结果、培训开发计划以及入离职手续的办理等，都是由人力资源部门来管理的。

第二步是确认人力资源部门的产品有哪些。直线管理人员希望录取到忠诚、积极、高效且具有献身精神的高质量员工；战略规划团队不仅需要在战略规划过程中获得各种信息和建议，而且需要在战略执行过程中得到诸多人力资源管理方面的支持；员工则期望得到一套具有连续性、充足性以及公平性的薪酬福利方案，同时还希望得到公平的晋升以及长期的职业生涯发展机会。

最后一个步骤是，人力资源部门要清楚，自己应通过哪些技术来满足这些客户的需求。不同的客户，需求是不同的，因此，运用的技术也应该不同。人力资源部门建立的甄选系统，必须能够确保所有被挑选出来的求职者都具有为组织带来价值所必需的知识、技术和能力。如培训和开发系统需要通过为员工提供发展机会，来确保他们不断增加个人的人力资本储备，为组织获取更高的价值，从而最终满足直线管理人员和员工双方的需求。绩效管理系统需要向员工表明，组织对他们的期望是什么，它还要向直线管理人员和战略制定者保证，员工的行为将与组织的目标保持一致。此外，报酬系统需要为所有的客户（直线管理人员、战略规划人员以及员工）带来收益。总之，这些管理系统必须向直线管理人员保证，员工将运用他们的知识和技能服务于组织的利益；同时，它们还必须为战略规划人员提供相应的措施，以确保员工的行为对组织的战略规划有利。最后，报酬系统还必须为员工所做的技能投资及其所付出的努力提供等价的报酬。

人力资源管理部门的客户，除了组织的战略规划人员、直线经理以及员工，还有一类非常重要的客户，即外部求职者。在当前人才竞争日益激烈的环境中，人力资源部门在招募、甄选人才的过程中表现出的专业精神、整体素质、组织形象等，不仅直接关系到组织是否有能力雇佣到高素质的优秀员工，而且对组织的雇主品牌塑造、在外部劳动力市场上的形象都有重要的影响。因此，人力资源部门同样应当关注这些外部客户，设法满足他们的各种合理需求。

（二）人力资源管理职能的工作重心调整

在现实中，很多企业的人力资源管理者经常抱怨自己不受重视。他们认为，他们在招聘、培训、绩效管理、薪酬管理等很多方面做了大量工作，受了不少累，但没有真正受到最高领导层的重视。自己的一些工作得不到高层的有力支持，很多业务部门也不配合，就像是在"顶着磨盘跳舞，费力不讨好"。为什么会出现这种情况呢？除了组织自身的问题，与人力资源管理部门未能围绕组织战略的要求，调整自己的工作重心，未能合理安排在不同的工作活动中投入的时间和精力也有很大的关系。从理想的角度来说，人力资源管理职能在所有涉及人力资源管理的活动中，都应该非常出色，但是在实践中，由于面临时间、经费以及人员等方面的约束，人力资源管理职能想要同时有效地承担所有工作，往往是不可能的。于是，人力资源部门必须进行这样一种战略思考，即应当将现有的资源分配到哪里以及如何进行分配，才最有利于组织的价值最大化。

人力资源管理活动可分为三类：变革性活动、传统性活动和事务性活动。变革性活动主要包括知识管理、战略调整和战略更新、文化变革、管理技能开发等战略性人力资源管理活动；传统性活动主要包括招募和甄选、培训、绩效管理、薪酬管理、员工关系管理等传统的人力资源管理活动；事务性活动主要包括福利管理、人事记录、员工服务等日常性事务活动。

在企业中，这三类活动耗费人力资源专业人员的时间比重分别为5% ~ 15%、15% ~ 30%和65% ~ 75%。显然，大多数人力资源管理者把大部分时间花在了日常的事务性活动上，在传统性人力资源管理活动上花费的时间相对较少，在变革性人力资源管理活动上所花费的时间更是少得可怜。事务性活动的战略价值较低；传统性人力资源管理活动，尽管构成了确保战略得到贯彻执行的各种人力资源管理实践和制度，也只具有中度的战略价值；而变革性人力资源管理活动，则由于能够帮助企业培育长期发展潜力，提高企业的适应性，而具有最高的战略价值。由此可见，人力资源管理者在时间分配方面存在问题。他们应当尽量减少在事务性活动和传统性活动上花费的时间，将时间更多地用于具有战略价值的变革性活动。如果人力资源专业人员在这三种活动上的时间分配能够调整到25% ~ 35%、25% ~ 35%和15% ~ 25%，即增加他们在传统性尤其是变革性人力资源管理活动方面花费的时间，那么人力资源管理职能的有效性必能得到大幅提高，为企业带来更多的附加价值。

然而，压缩人力资源管理职能在事务性活动上所占用的时间，并不意味着人力资源部门不再进行事务性人力资源管理活动；相反，人力资源部门必须继续履行这些职能，只不过可以通过一种更为高效的方式来完成这些活动。

二、人力资源专业人员的角色与胜任素质

（一）人力资源专业人员扮演的角色

在人力资源管理职能面临更高要求的情况下，人力资源专业人员以及人力资源部门，应如何帮助组织赢得竞争优势，以及实现组织的战略目标呢？人力资源管理者以及人力资源部门，在组织中应当扮演好哪些角色呢？很多学者和机构都对此进行了研究。

卡罗尔（Carroll）提出，人力资源管理专业人员主要应当扮演好三个角色，即授权者、技术专家以及创新者。授权者，是指人力资源管理人员授权直线管理人员成为人力资源管理体系的主要实施者；技术专家，是指人力资源专业人员要从事与薪酬以及管理技能开发等有关的大量人力资源管理活动；创新者，是指人力资源管理者需要向组织推荐新的方法，来帮助组织解决各种与人力资源管理有关的问题，如生产率的提高以及由疾病导致的员工缺勤率突然上升等。

斯托雷（Storey）在二十世纪八九十年代，广泛参与了在英国开展的关于人力资源管理特点的大讨论，他基于干涉性与不干涉性和战略性与策略性这两个维度，提出人力资源管理者及其部门应当扮演顾问、仆人、管制者以及变革实现者四种角色。顾问，是指人力资源管理者应当了解人力资源管理领域的各种最新进展，然后让直线管理人员来实施各种相关的变革；仆人，是指人力资源管理者在提供服务时要以客户为导向，努力成为直线管理人员的助手和服务者；管制者，是指人力资源管理者需要制定和宣传各项雇佣规则，并且负责监督执行情况，这些规则既包括公司的各项人事程序手册，也包括与工会签订的集体合同；变革实现者，则是说人力资源管理者应当根据组织的经营需要，将员工关系置于一种新的基础之上。

在人力资源管理者以及人力资源管理部门所扮演的角色方面，密歇根大学的戴维·尤里奇（Dave Lllrich）教授也提出了一个简明分析框架。尤里奇认为，一个组织的人力资源部门所扮演的角色和职责主要反映在两个维度上：一是人力资源管理工作的关注点是什么；二是人力资源管理的主要活动内容是什么。从关注

点来说，人力资源管理既要关注长期的战略层面的问题，也要关注短期的日常操作层面的问题。从人力资源管理活动的内容来说，人力资源管理既要做好对过程的管理，也要做好对人的管理。基于这两个维度，产生了人力资源管理需要扮演的四种角色，即战略伙伴、行政专家、员工支持者以及变革推动者。

1.战略伙伴

这一角色的主要功能是对战略性的人力资源进行管理。也就是说，人力资源管理者需要识别能够促成组织战略实现的人力资源及其行为和动机，要将组织确定的战略转化为有效的人力资源战略和相应的人力资源管理实践，从而确保组织战略的执行和实现。人力资源管理者通过扮演战略伙伴的角色，能够把组织的人力资源战略和实践，与组织的经营战略结合起来，从而提高组织实施战略的能力。

2.行政专家

这一角色的主要功能是对组织的各种基础管理制度进行管理，要求人力资源管理者通过制定有效的流程，来管理好组织内部的人员配置、培训、评价、报酬、晋升以及其他事务。尽管人力资源管理职能向战略方向转变的趋势在加强，但是人力资源管理这些传统的角色，对于成功经营一个组织来说，仍然是不可或缺的。作为组织的基础管理责任人，人力资源管理者必须确保这些组织流程的设计和实施的高效率。实现这一目标有两条途径：一是通过重新思考价值创造过程，调整和优化组织的人力资源管理制度、流程以及管理实践，从而提高效率；二是通过雇佣、培训和回报，帮助组织提高生产率、降低成本，从而提升组织的总体效率。在人力资源管理流程再造的过程中，很多组织都采用了共享人力资源服务中心的新模式。

3.员工支持者

这一角色的主要功能是对员工的贡献进行管理，即将员工的贡献与组织经营的成功联系在一起。人力资源管理专业人员可以通过两种途径来确保员工的贡献转化为组织经营的成功：一是确保员工具有完成工作所需要的能力；二是确保员工有勤奋工作的动机以及对组织的信任。无论员工的技能水平多高，只要他们与组织疏远，或者内心感到愤愤不平，就不可能为企业的成功贡献力量，并且也不会在组织中工作太长的时间。为了扮演好员工支持者的角色，人力资源部门及其工作者必须主动倾听员工的想法，了解他们在日常工作中遇到的问题、他们关注的事情，以及他们的需求。人力资源部门不仅自己要做员工的倾听者和激励者，而且要通过培训、说服以及制度引导的方式，确保员工的直接上级也能够了解员工的想法以及他们的意见和建议，只有这样，才能真正建立员工和组织之间的心理契约，积极主动地开发人力资源，把员工的贡献和组织经营的成功联系到一起。

4. 变革推动者

这一角色的主要功能是对组织的转型和变革过程进行管理。转型意味着一个组织要在内部进行根本性的文化变革。人力资源专业人员既要做组织文化的守护神，也要成为文化变革的催化剂，积极促成必要的组织文化变革，从而帮助组织完成更新过程。在组织变革的过程中，人力资源专业人员要帮助组织确认并实施变革计划，其中可能涉及：找出并界定问题、建立信任关系、解决问题、制定并实施变革计划等。在当今这个急剧变化的竞争环境中，人力资源管理者必须确保组织拥有能够持续不断进行变革的能力，并且帮助组织确定是否有必要进行变革以及对变革的过程进行管理。变革推动者的角色，还要求人力资源专业人员在尊重组织历史文化的基础上，帮助员工顺利地接受和适应新文化。研究表明，能否扮演好变革推动者的角色，可能是决定一个组织的人力资源管理工作是否能够取得成功的最为重要的因素。

此外，国际公共部门人力资源管理学会也提出了一个模型，来阐明人力资源管理者在公共部门中所应当扮演的四大角色，即人力资源专家、变革推动者、经营伙伴以及领导者。其中，人力资源专家的角色，强调人力资源专业人员应当做好传统的人力资源管理中的各项专业技术工作；变革推动者的角色，强调人力资源专业人员一方面要帮助直线管理人员应对变革；另一方面要在人力资源管理职能领域内部进行有效的变革；经营伙伴的角色，强调人力资源专业人员不仅要告诉直线管理人员不能做什么，更重要的是向他们提供解决组织绩效难题的有效建议，参与组织的战略规划，帮助组织完成使命和战略目标；领导者的角色，实际上强调人力资源专业人员一方面必须对功绩制原则以及其他道德伦理保持高度的敏感；另一方面也要平衡好员工的满意度、福利与组织的要求和目标之间的关系。

（二）人力资源专业人员的胜任素质模型

与人力资源管理专业人员及其所扮演的角色高度相关的一个问题是：人力资源管理的专业人员需要具备怎样的能力，才能达到组织对人力资源管理工作所提出的战略要求？对此，很多学者和机构都进行了研究。下面主要介绍三种观点：第一种是戴维·尤里奇的研究结果，第二种是雷蒙德·诺伊（Raymond A.Noe）等人的观点，第三种是国际公共部门人力资源管理学会提出的人力资源专业人员胜任素质模型。

1. 戴维·尤里奇等人关于人力资源专业人员胜任素质模型的研究

在人力资源专业人员胜任素质模型研究方面，戴维·尤里奇和韦恩·布鲁克班克（Wayne Brockbank）所领导的研究具有非常大的影响力。尤里奇等人主持的研究始于 1988 年，至今一共进行了 5 轮，后续的 4 轮研究分别完成于 1992 年、1997 年、2002 年以及 2007 年。这项研究的目的是发现人力资源管理专业人员需要具备的胜任素质，同时追踪人力资源管理领域的最新发展趋势，帮助人力资源管理者及其所在部门了解如何使自己为组织创造更多的价值。

在近 20 年的时间里，该项研究累计调查了 4 万名人力资源管理专业人员以及直线管理人员。前三轮调查的数据主要在美国收集，从 2002 年开始，数据的收集范围扩大到了包括北美、拉美、亚洲、欧洲在内的四大洲。在 1988 年和 1992 年的调查中，研究小组一共发现了三大类胜任素质，即经营知识、人力资源管理职能履行能力以及变革管理能力。到 1997 年，又增加了两大类胜任素质，即文化管理能力和个人可信度。2002 年确立的模型，包括五大类胜任素质，即战略贡献能力、个人可信度、人力资源服务能力、经营知识以及人力资源技术运用能力。

（1）战略贡献能力，是指人力资源管理者必须能够管理文化，为快速变革提供便利条件，参与战略决策。同时，它还要求人力资源专业人员能够创造"市场驱动的连通性"，不仅要关注"内部客户"，还要密切关注组织的"外部客户"。在人力资源专业人员对于组织的经营业绩所做的贡献中，战略贡献能力占43%，几乎是其他胜任素质的2倍。

（2）个人可信度，是指人力资源专业人员，在人力资源同事以及作为本人服务对象的直线管理人员心目中，是值得信赖的。在这方面，人力资源专业人员不仅需要与本业务领域内外的关键人物建立有效的关系，而且要建立起可靠的追踪记录。此外，他们还必须掌握有效的书面和口头沟通技巧。

（3）人力资源服务能力，包括人员配置能力、开发能力、组织结构建设能力和绩效管理能力。其中，配置能力要求人力资源专业人员必须有能力吸引、保留、晋升员工，以及在必要时将某些员工安排到组织的外部。开发能力，主要是指他们能够设计开发方案、提供职业规划服务，以及为内部沟通提供便利。这里的开发对象，既包括员工，也包括组织。组织结构建设能力，则是指能够重组组织流程、衡量人力资源管理实践对组织的影响，以及处理人力资源管理实践的全球化问题的能力。

（4）经营知识，是指人力资源专业人员对于组织所处的业务领域以及行业的理解程度，最关键的知识领域包括对组织整体价值链（组织是如何进行横向整合的）和组织价值主张（组织是如何创造财富的）的理解。

（5）人力资源技术运用能力，则是指人力资源专业人员，在人力资源管理领域中运用各种技术的能力，利用电子化和网络手段，向客户提供价值服务。这是因为在工作中，技术已成为提供人力资源服务的重要载体。

尤里奇等学者2017年公布的调查结果，覆盖的范围包括北美、拉美、欧洲各国，以及中国、印度和澳大利亚，发现了三个与人口结构有关的趋势。其一，人力资源领域中的女性工作者的占比在上升。1988年，仅有23%的被调查者为女性；到2017年，这一比例已经上升到了54%。其二，很多人是从其他领域进入人力资源领域的，很多人的工作年限要长于他们在人力资源领域中的工作年限。其三，在中国的人力资源专业人员中，有大量的新进入者，60% 的被调查者在人力资源领域的工作时间不足 5 年。

此次调查表明，人力资源专业人员必须具备与人打交道和与业务打交道两个方面的胜任素质。一个只强调人，而忽略业务的人力资源专业人员，可能会受到别人的喜欢和拥护，但是不会获得成功，这是因为他所做的工作并不能推动业务目标的实现。如果一个人力资源专业人员只关注业务，而对人的因素不够敏感，也不会取得成功，这是因为尽管他能够确保业务在短期内做得很好，但是人们不会喜欢和拥护他。基于人和业务两个维度，新的人力资源胜任素质模型主要包括可靠的行动者、文化和变革统管者、人才管理者/组织设计者、战略构建者、运营执行者、业务支持者六大类。这些胜任素质所要解决的，分别是关系、流程和组织能力三个层面的问题。新模型特别强调：人力资源的胜任素质不仅是指知识，还有运用这些知识的能力，即知道应当如何去做。

第一，可靠的行动者。它是指人力资源专业人员不仅要可靠（即能够赢得别人的尊重、赞赏，别人愿意倾听他们的意见），而且必须是积极的行动者（即提供意见和观点、表明立场、挑战假设）。可靠但不能采取行动的人力资源专业人员，虽然会得到别人的赞赏，但是不能形成影响力；而那些积极采取行动，但是并不可靠的人力资源专业人员，没有人会听他们的话。在这方面，人力资源专业人员需要以诚信的方式达到目的，分享信息，建立信任关系，以某种姿态（承受适度的风险、提供坦诚的评论、影响他人等）来完成人力资源工作。

第二，文化和变革统管者。它是指人力资源专业人员必须认识到并展现组织文化的重要性，同时帮助组织形成自己的组织文化。文化是一整套活动，而不是单个的事件。在理想状态下，文化首先应当从澄清组织外部客户的期望（组织的身份或品牌）入手，然后将这些期望转化为内部员工以及整个组织的行为。作为文化的统筹管理者，人力资源专业人员应当尊重组织过去的文化，同时帮助组织塑造新的文化。此外，成功的人力资源专业人员应能够通过两种途径为组织变革提供便利条件：一是帮助组织形成文化；二是制定一系列的规章制度来推动变革在整个组织中发生。或者说，他们帮助组织将大家已经明白的事情，转化为实际行动。在这方面，人力资源专业人员需要为变革提供便利、构建文化、重视文化的价值、实现文化的个人化（帮助员工找到工作的意义、管理工作和生活的平衡、鼓励创新等）。

第三，人才管理者/组织设计者。它是指人力资源专业人员必须掌握人才管理和组织设计方面的理论、研究成果以及管理实践。人才管理者关注的是胜任素质要求，以及员工是如何进入一个组织、在组织内晋升、跨部门调动或者离开组织的。组织设计者关注的则是一个组织如何将各种能力（比如合作能力）嵌入决定组织运行的结构、流程以及政策。人力资源管理既不是仅关注人才，也不是仅关注组织，而是同时关注两者。一个组织在缺乏支持的情况下，是无法长期留住优秀人才的；一个组织如果缺乏具备扮演关键角色所需的胜任素质的人才，则无法达成预期目标。人力资源专业人员需要保证组织当前以及未来的人才需要，开发人才，构造组织，促进沟通，设计组织的报酬体系等。

第四，战略构建者。它是指人力资源专业人员应当对于组织未来获得成功的方式有一个清晰的愿景，并且当组织在制定实现这一愿景的战略时，应扮演积极的角色。这就意味着，人力资源专业人员必须认清业务发展的趋势，以及它们可能对业务产生的影响，预见到组织在取得成功的过程中可能会遇到的潜在障碍；同时，要在组织制定战略的过程中，提供各种便利条件。此外，人力资源专业人员还应当将内部组织和外部客户的期望相联系，为组织总体战略的制定贡献自己的力量。在这方面，人力资源专业人员需要保持战略灵活性，同时积极关注客户。

第五，运营执行者。它是指人力资源专业人员还应当在管理人和组织时，承担的操作方面的事务。他们需要起草、修订以及实施各种政策。此外，员工也会产生很多行政管理方面的需求（比如领取薪酬、工作调动、雇佣手续办理、得到培训等）。人力资源专业人员必须通过技术、共享服务以及外包等手段，确保员工的这些基本需求得到满足。如果人力资源专业人员能够无缺陷地完成这些操作性工作，并且保持政策应用的一致性，人力资源的操作性工作就会变得可靠。在这方面，人力资源专业人员应当执行工作场所的各种政策，同时推动与人力资源管理有关的各项技术进步。

第六，业务支持者。它是指人力资源专业人员要制定能够对组织外部的机会和威胁做出反应的方案，保证组织的经营取得成功。人力资源专业人员需要通过了解组织开展业务的社会背景或环境，为组织经营的成功做出贡献，他们还应当知道组织是怎样赚钱的，即企业的价值链（谁是公司的客户？他们为什么要购买公司的产品或服务？）。最后，他们还必须深刻理解组织经营中的各个方面（比如财务、市场、研发以及工程技术等），知道自己应当完成哪些工作，应该怎样协同完成工作，从而帮助组织赢利。在这方面，人力资源专业人员需要服务于价值链，解释组织所处的社会背景，明确组织的价值主张，以及充分发挥各种业务技术的作用。

2.雷蒙德·诺伊等人关于人力资源专业人员胜任素质模型的研究

人力资源管理学者雷蒙德·诺伊等人，也提出了包括人际关系能力、决策能力、领导能力以及技术能力在内的人力资源专业人员胜任素质模型。

（1）人际关系能力。人际关系能力，是指理解他人并与他人协调合作的能力。这种能力，对于今天的人力资源管理工作者来说，十分重要。人力资源管理工作者需要了解，在帮助组织赢得竞争优势时，组织成员扮演的角色，同时还要了解组织的哪些政策、项目以及管理实践，能够帮助员工做好本职工作。此外，今天的人力资源专业人员，还必须熟练掌握沟通、谈判以及团队开发方面的技能。

（2）决策能力。人力资源管理者需要做出各种类型的决策，这些决策不仅影响到员工能否胜任工作，以及能否得到充分的激励，还影响到组织能否高效运营。在那些要求人力资源部门扮演战略支持角色的组织中，人力资源决策者应该在战略问题上运用自己的决策能力。这就要求人力资源决策者，必须拥有组织经营和业务方面的知识，同时还要有能力通过成本—收益分析，为组织提供各种可行性的选择。最后，在进行人力资源决策时，人力资源专业人员还必须考虑到各种可供选择的方案所具有的社会意义和伦理道德意义。

（3）领导能力。人力资源管理者在处理涉及组织的人力资源问题时，需要扮演领导者的角色。人力资源专业人员要想帮助组织管理好变革过程，就必须具有一定的领导力。这就需要人力资源管理者做好诊断问题、实施组织变革、评价变革结果的工作。由于变革往往会带来冲突、抵制以及思想混乱，人力资源专业人员必须有能力对整个变革过程进行监控，提供各种方法来帮助组织克服变革过程中所遇到的障碍，指导员工在新的条件下顺利完成工作，同时激发员工的创造力。

（4）技术能力。这里的技术能力，是指人力资源管理领域中的专业技能，即人力资源专业人员需要掌握的人员配备，人力资源开发、报酬、组织设计等方面的知识。新的甄选技术、绩效评价方法、各种培训项目以及激励计划不断涌现，并且大多需要运用新的软件和计算机系统。此外，每年都会有新的法律出台，这就需要人力资源专业人员掌握这些法律的知识，这也是技术能力方面的要求。人力资源专业人员需要根据人力资源管理的基本原则和企业价值要求，对这些新技术进行认真细致的评价，以判断哪些技术对组织是有价值的。

3. 国际公共部门人力资源管理学会关于人力资源专业人员胜任素质模型的研究

国际公共部门人力资源管理学会提出的公共部门人力资源专业人员胜任素质模型一共包括 22 项，这些胜任素质与公共部门人力资源管理者所扮演的四种重要角色，即变革推动者、经营伙伴、领导者以及人力资源专家之间的关系对应。其中，人力资源专家角色所对应的能力只有一项，即通晓人力资源管理方面的各项法律和政策。这些胜任素质的基本定义如下。

（1）理解公共服务环境的能力。能够跟踪可能会影响组织及其人力资源管理的各项政治和法律活动；理解法律、法令以及法规的内容，确保组织的执行过程与法律和政治变革所要达成的目标一致。

（2）知晓组织使命的能力。能够理解组织存在的目的，包括其法律地位、客户、提供的产品或服务以及组织使命达成情况的衡量指标；能够在各项人力资源管理活动和使命的成功达成之间建立必要的联系；跟踪、了解可能会在未来对组织使命产生影响的各种因素。

（3）理解业务流程的能力。能从更大的组织经营角度，理解人力资源管理计划所要承担的职责；能够认识到变革的必要性，并且通过实施变革来提高组织的效率和有效性。

（4）理解团队行为的能力。能够运用团队行为方面的知识，帮助组织达成长期和短期的目标；同时注意跟踪了解能够运用于组织的各种最新的人员激励方法和团队工作方法。

（5）设计和实施变革的能力。能够意识到变革的潜在意义，并且能够创造支持变革的基本条件；对新的思想保持灵活性和开放性，鼓励其他人认可变革的价值。

（6）良好的沟通能力。能够清晰且具有说服力地表达思想以及交换信息；能够基于组织的经营结果和目标，而不是人力资源管理的技术术语来进行交流；能够与组织各个层级的人员进行有效沟通。

（7）创新能力以及风险承担能力。具备超常规思考的能力，以及在使命需要的情况下，创造和提出超出现有政策范围的新方法。

（8）评价和平衡具有竞争性的价值观的能力。根据组织使命的要求，持续对当前和未来需要完成的各项工作进行评估，管理各项工作；与高层管理者保持紧密联系，以确保理解需要优先完成的各项任务；向关键客户解释工作重点和优先顺序，以确保他们能够理解工作重点和优先顺序的决策过程。

（9）运用各项组织开发原则的能力。随时了解能够改进组织绩效的各种社会科学知识；制定有助于组织内部学习的战略；提出建议，为员工个人的成长创造更多的机会。

（10）理解经营系统思维的能力。在人力资源管理的工作过程中，能够运用整体性的思维方式；在向各类客户提供建议和解决方案时，确保考虑到各种内部和外部的环境因素。

（11）将信息技术运用于人力资源管理领域的能力。关注和了解对提升组织人力资源管理的效率具有潜在价值的技术；能够在适当的时候，提出在组织中采用新的人力资源信息技术的建议。

（12）理解客户和组织文化的能力。对客户组织的特点进行研究，以确保自己提出的建议是恰当的；时刻关注文化差异，确保所提供的服务是符合客户文化要求的。

（13）良好的分析能力。对不同来源的数据和信息进行多重分析，并且得出符合逻辑的结论；能够认识到可以获得的数据和需要的数据之间的差距，提出其他获得所需数据的途径。

（14）通晓人力资源管理法律和政策的能力。跟踪、了解影响人力资源管理计划的各种法律法规；能够运用这些法律法规的内容，帮助组织管理人力资源。

（15）咨询和谈判能力（含争议解决能力）。采取行动解决问题或协助解决问题；了解各种解决问题的技术，并且能够运用这些技术。

（16）形成共识和建立联盟的能力。运用形成共识的能力，在个人或群体之间达成合作；客观总结反对的观点；综合各种观点，达成一个共同立场或一份协议；通过展现事实，说服管理者就分歧达成妥协；在出现分歧时，拿出一个替代性的方案；当正在采取的行动与法律要求或高层的政策要求不一致时，知道在何时以及如何将问题提交给更高级别的直线管理者；遇到关乎组织的使命或声誉的情况，能够坚持自己正确的立场。

（17）建立信任关系的能力。诚实正直，并且能够通过展现专业能力，赢得客户的信任；及时、准确、完整地履行承诺；严守秘密，不滥用。

（18）建立人力资源管理与组织使命和服务结果之间联系的能力。理解组织使命的需要及履行使命的人员需求；理解人力资源管理在组织中应扮演的角色，并调整自己的行为和工作方法，与这种角色保持一致。

（19）以客户服务为导向的能力。紧随组织氛围和使命所发生的变化，对客户的需求和关注点保持高度敏感；对客户需求、客户提出的问题以及关注的问题，及时、准确地做出反应。

（20）重视和促进多元化的能力。能够理解一支多元化的员工队伍对于组织的作用；能够意识到人力资源管理流程对于组织多元化的潜在影响，确保多元化的需要能够得到重视。

（21）践行并推动诚实等道德行为的能力。以一种展现出对别人的信任，且能够获得他人信任的方式采取行动；公平、礼貌、有效地对客户的需求做出反应，无论他们在组织中所处的位置和层级怎样。

（22）营销和代表能力。就为何实施某些项目，或采取某些行动，以及可能达成的有利结果等事宜，说服内部和外部客户；总结对某一个问题的正反两方面意见，说服相关各方采取最有利的行动方案；确保客户能够意识到人力资源管理角色的重要性。

第二节 战略性人力资源管理下企业组织效能的提升

一、提升公司服务品质

（一）增强知识产权意识

战略性人力资源管理下的企业要紧盯市场需求，加大科研投入，同时紧跟物联网行业技术发展趋势，结合国家相关政策，加快新产品研发，坚持自主创新提高核心竞争力。第一，增强自主创新能力，增强企业核心竞争力，已成为企业发展的关键。大力宣传自主创新意识、推动企业形成创新氛围，无疑是企业生存发展的基础条件。可通过在企业内部成立专项技术突破基金等形式，调动创新积极性。实践证明，自主创新是企业长久发展的保障。只有增强企业科技自主开发能力，掌握自主知识产权，突破头部企业的技术垄断和封锁，企业才能在市场上获得竞争优势。同时，加强自主研发队伍建设的根本是高素质人才自主创新。战略性人力资源管理下的企业可以考虑优化现有研发中心，开发中长期的应用技术和处于底层的基础技术，用于发现潜在的市场需求。第二，增强知识产权意识。知识产权的创造和应用能力，已成为企业乃至国家综合竞争力的一个主要特征。缺乏自主创新的知识产权，无法推出有竞争力的产品，也就不能适应国际、国内市场上的激烈竞争，为节约资源，各个环节都将长期处于劣势。战略性人力资源管理下的企业要提高核心竞争力，就必须加大科技自主创新力度，加大科技投入，将技术成果以专利形式推向市场。第三，战略性人力资源管理下的企业也可以考虑利用区块链技术来强化自身的技术优势，通过上链来维护企业版权的有效分发，从而为创新驱动的技术专项提供新的发展可能。

（二）以需求为导向

首先，要以客户为中心打造和完善服务体系。一方面，为了获取用户的真实需求，可以进一步优化客户沟通渠道，深入客户企业，多方面听取客户的需求，吸收客户的合理化建议，建立一套完善的问题响应处理机制，并通过满足客户的各项需求，搭建企业服务体系闭环。另一方面，服务工作不能仅仅局限于客服部门，还需要企业的各个部门协作，让企业成为一个服务整体，从售前到售中再到售后，贯穿销售的三个环节，形成一体化的保障体系。

其次，一方面，通过细化服务项，提升服务质量。主要考虑细化服务标准，完善监管制度，从客户服务需求角度出发，并统一、公示各项服务标准，在处理客户反映的问题时，要耐心地了解客户，找到客户需求点，为客户讲解处理流程，并第一时间协调各个部门为客户解决问题。另一方面，优化服务流程，提升服务质效，及时响应客户的需求，为客户提供更为便捷直观的服务。对于客户提出的要求，通过单一窗口传递，高效快速解决。在服务过程中，积极听取群众意见及建议，接受客户监督，坚守监督制度，提升服务质量。

二、优化企业成本

（一）鼓励员工参与成本优化

企业需要设置一些针对"开源"或"节流"的单项奖励，激发每一个员工的创造性，提高企业的盈利能力。

1．"开源"

（1）开发有盈利能力的新产品。

（2）保证产品质量，提高客户满意度，进而增加订单。

（3）对老产品进行性能改进，通过在岗革新等手段提高产品的品质，这样既可增加订单，也可提高产品的价格，增加盈利。

（4）增强自身对产品质量的信心，进行市场推广，增加订单。

（5）加快产品更新换代周期，并快速落地。

（6）提高产品合格率。

2."节流"

（1）控制人力成本。减缓人员招聘速度，提升现有员工工作效率，从而节约人力成本。

（2）进一步规范采购流程。

（3）提升差旅效率。

（4）控制日常办公及车辆运营成本，提高各种物料的使用率。

（5）控制企业招待费用。

将各项举措纳入公司绩效考核体系，形成考核指标，并进行量化，通过考核，抵制浪费行为，同时对于节约成本做出突出贡献的员工，及时给予奖励，使"开源""节流"的意识深入每一个员工的内心，融入日常工作中。

（二）兼顾内外市场发展战略

首先，战略性人力资源管理下的企业要制定适合企业发展的战略，即选择自己的优势产品和市场，以避免低层次的重复建设使自己陷入被动的恶性竞争之中。同时，考虑到传统的组织结构已经成为制约企业发展的一个重要因素，企业需要探索和采用更加灵活、高效的组织结构，以适应快速变化的市场环境和提高竞争力。

其次，企业经营的核心首先是生存，其次是发展，最终实现盈利，利润是衡量一个企业是否优秀的标准之一。随着行业竞争进一步加剧，业界平均利润率水平不断缩水，企业发展的机会和空间会越来越小，企业必须降低成本，不断拓展外部市场（如海外市场），寻找新的利润增长点，打造出一个适合自己的盈利模式，提升企业盈利能力，并且，在激烈的市场竞争中，企业成本水平的高低直接决定着企业盈利能力的大小和竞争能力的强弱，要想在日益激烈的市场竞争中谋求经济利益最大化，取得竞争优势，更要精打细算，进行精细化管理，加强成本控制，不断完善外部市场布局。

三、提升市场控制力

（一）维护市场稳定

首先，战略性人力资源管理下的企业市场开拓较为传统和粗放。一般而言，战略性人力资源管理下的企业仅依靠集团各销售渠道，采用底薪加提成的方式，用硬性指标来衡量销售人员的业绩，往往会限制对企业的可持续发展。一方面，销售人员为了完成任务量，通过考核，往往不计后果，根本不考虑客户的质量、规模、产品结构等，只在意是否能够出单；另一方面，这种破坏式开拓市场的方式，即使短时间客户量增加，也会由于管理不善，或后续服务跟不上而使客流失，这种情况下，企业声誉必会受到影响，形成极差的口碑。其次，破坏式地开拓市场，会在区域内形成恶性竞争，使区域市场陷入混乱，甚至形成恶性循环，这些短期行为，最终伤害的还是企业。中国虽大，但是市场资源也经不起浪费。战略性人力资源管理下的企业需要科学地制订市场开拓计划和发展目标，根据区域和行业发展态势有计划地拓展市场，切分市场优先等级，维护市场的稳定性，从而使自身获得长足发展。

（二）拓展外部市场

首先，区域市场也是样板市场，战略性人力资源管理下的企业可以组建并训练销售队伍，将其作为检验新产品销售前景的试验田。同时，企业可以尝试去拓展外部市场。

其次，在市场的开拓过程中，战略性人力资源管理下的企业要做好市场的战略规划，确定好优先市场和次优市场，以利于公司资源的有效选择和投放。要确定目标市场，制定出市场开发政策，与客户建立良好关系，实现双赢的合作、增强客户黏性，逐步占领市场，通过提升市场占有率进一步加大对整个市场的控制力度。

四、优化组织内部管理

（一）优化企业制度

首先，建立科学的管理制度。战略性人力资源管理下的企业在制定管理制度时，一方面要明确企业的经营目标，以目标为导向，以结果为标准，不断地优化企业管理制度；另一方面，在制定制度时，要注意综合研发、产品、市场营销、管理等各个方面，全面分析。制度执行时也不能太僵硬，要根据实际情况不断调整，提高企业实际的管理能力。在制度推行时，要注意制定明确的奖惩机制，既可以促进管理制度的顺利推行，又可以使员工主动参与经营管理并严格约束自己。

其次，提高管理能力。战略性人力资源管理下的企业在完善管理制度的同时，也要不断提高管理者的管理能力，引导管理者依据企业的目标开展日常工作，充分调动员工积极性，以工作结果为导向，一切工作都要围绕着工作成果展开。这里可向互联网公司学习，一些互联网公司通过目标与关键成果法（OKR）明确和跟踪目标及其完成情况，配以合理的绩效手段，从而提升工作效率。

最后，适应新常态下的发展要求。战略性人力资源管理下的企业管理者要不断提高自己的经营管理能力，适应新常态下的发展要求，使企业能够在新环境下抓住机遇，朝着更好的方向发展。

（二）定位发展模式

首先，战略性人力资源管理下企业经营能力的提升是一个长期的过程，也是一个动态调整的过程。在企业发展的不同阶段，对于企业经营管理能力的要求也不同。因而，战略性人力资源管理下的企业要注重自身在各个阶段的实际需求，选择符合自身发展的经营模式。

其次，战略性人力资源管理下，企业是按照发展规划，对企业内部各项事务进行管理和开展经营活动。随着市场经济的发展，市场竞争不断加强，管理问题不断涌现，管理理念和组织管理等方面问题都会直接影响企业的经营管理能力。企业应明确发展目标，找到合适的发展运营模式。

最后，战略性人力资源管理下的企业需要全面提升综合效益，而企业经营能力是关键。企业在提升经营能力过程中，需要根据自身运营情况，采取针对性的策略，提升核心竞争力，创造经济效益，推动企业快速发展。市场经济的发展给企业经营能力提出了新的要求，经营能力是一个企业应对市场竞争和人才管理的必备能力。企业的经营推动现代企业发展，是现代企业发展的核心力量，是提高企业体制改革的动力。经营能力是管理者职业担当的基础，企业要想长久地发展下去就必须提高自身经营管理能力。

五、提升员工满意度与忠诚度

（一）增加企业凝聚力

战略性人力资源管理下企业的发展离不开员工，员工的收入离不开企业。一个优秀的企业能够吸引各种人才，而优秀员工大量流失的企业必定会走向衰败。能否处理好与员工的关系，是一个企业长远发展的关键，直接关系到企业的成败兴衰。员工对企业满意与否直接影响着其对企业的忠诚度，很难想象一个对企业不满意的员工会忠于企业。

培养员工的忠诚度首先要提高员工的满意度。员工对企业及其工作的满意度是员工忠诚于企业的前提与基础。员工不同的心理感受会直接影响员工的工作效率与效果，因此提高员工满意度，提升员工的信任指数，培养忠诚的员工队伍，是所有企业追求的目标。企业可以通过"创造和谐的组织氛围""构建公平的激励机制""科学整合工作岗位及工作内容"以及"帮助员工科学规划其职业生涯"来培养员工的忠诚度。同时企业要通过不断优化管理体系，打造强有力的管理团队，提高企业的凝聚力。

（二）关心员工成长

一个优秀的企业，无论是管理层还是一线员工，都要与企业目标一致，围绕企业的目标，齐心协力，共同发展。

首先，战略性人力资源管理下的企业要以人为本，企业应当关心每个员工的成长。企业管理层应该深入一线，充分了解一线员工的需求，并及时处理。同时要有一整套现代化的企业管理体系，用以明确管理人员的聘用、晋升等。要建立起公开、公平、公正的考核制度，并且鼓励员工积极参与管理岗位的竞聘。人员的晋升制度应当透明并接受监管，多听取广大员工的意见，不能搞暗箱操作。

其次，战略性人力资源管理下的企业要有计划地提高广大员工的福利待遇。员工们积极地为企业做贡献，企业就应当回报员工。在可持续发展的基础上，把利润拿出一部分来用于改善员工的福利、待遇。特别是在年终，通过发放年终奖，振奋员工的精神，激发员工的工作热情。

最后，要有自己的企业文化。一个企业要生存和发展，就必须培育积极的企业文化。企业文化体现了企业的核心价值观和行为准则，能够激发员工的归属感和自豪感，使他们更加投入地工作。

六、优化激励机制

（一）建立健全激励机制

人力资源是企业发展的重要资源，作为人力资源管理的核心任务——建立良好的绩效激励机制，越来越受到组织的重视。激励机制的有效性在一定程度上决定着企业能否健康稳定地发展，能否在人才竞争甚至企业综合实力竞争中获得优势。

战略性人力资源管理下企业的发展，虽然受政策导向的影响，但也是全体员工知识储备和能力水平综合作用的结果。一方面，企业的管理层对于现代企业管理相关知识的掌握程度决定了企业整体管理水平，对于管理人员的选拔、考核、激励关系着整个企业未来的发展；另一方面，企业没有一套有效的激励机制，就不能把握企业员工的需求，使员工满意度下降，工作积极性受挫。改善工作环境、使工资和激励机制合理化，最终收益的还是企业。

（二）丰富企业激励形式

首先，激励形式要以员工为切入点，在与绩效挂钩的同时，注意不同员工的不同需求。同时，要以战略性人力资源管理下企业的组织目标为导向，丰富员工激励形式，优化员工薪酬制度。薪酬对员工的激励作用显而易见，不仅会增强其归属感还会增强其责任感，使全体员工凝心聚力，凸显企业竞争优势。

其次，企业要着重激发员工的工作积极性，使其能够全身心地投入工作。而有效激励形式不仅与企业的规模、部门、工作性质以及企业文化有关，也与其战略目标有关。建立起科学、丰富的人员激励形式，并随着企业环境的变换，及时优化调整，这样才能激发出员工的工作积极性。

七、开展多元投资布局

（一）加强多元化投资管理

多元化投资是一种利用各种金融手段，通过投资不同领域实现最大化回报，从而达到降低企业风险效果的投资方式。

首先，大量专业的投资者认为，虽然多元化投资不能保证不会造成损失，但是对于实现长期财务目标、降低风险具有重要作用。一方面，市场风险是无法预测的，这种风险也同样影响着企业的发展，如通货膨胀、汇率、利率等，这些风险并非针对特定公司或行业，是不能通过多元化投资消除或者减少的，这是投资者必须接受的风险；另一方面，风险是可分散的，这种风险也称为非系统性风险，可能来自公司、行业、市场、经济、政策等。这些风险可以通过多样化投资来分散和化解。

其次，在不同的资产类别之间进行多元化投资也很重要。不同的资产组合可以使企业实现收益最大，同时风险最小。实现多元化，不仅要考虑不同类型公司的互补性，也要考虑不同类型行业的增长趋势。多元化可以降低企业管理风险并减轻资产价格的波动性。

（二）鼓励员工开展内部创业

为了进一步强化战略性人力资源管理下企业的多元投资管理，降低企业的运营风险，可以从下面三个方面来考虑。

第一，为战略性人力资源管理下的企业员工提供相对安全的内部创业环境，通过对已有行业高度认知的员工提供一定的支持，帮助内部创业伙伴增加创业资源，补充创业短板，通过占股内部员工来增加未来的多元化发展机会。

第二，为员工提供业务辅助支持，例如，通过内部创业服务机构为内部创业者提供众创空间、公司注册、报税、代理记账等服务，为内部创业者的业务发展添砖加瓦，伴随着员工的成长，在外部投资进入后，战略性人力资源管理下企业的所占股份估值也必然提升。

第三，对接相应投资人。通过持续为内部创业项目提供外部投资来增加创业者投融资机会，以外部资本的进入来帮助内部创业员工降低管理风险，同时也帮助战略性人力资源管理下的企业降低管理风险。

第三节　人力资源管理职能的优化

一、循证人力资源管理

（一）循证人力资源管理的内涵

目前，企业已充分认识到人力资源管理对于组织战略目标的实现和竞争优势的获得，具有重要的战略作用。人力资源专业人员以及组织内各级领导者，在人力资源管理方面投入的时间、精力、金钱也在逐渐增加。组织期望通过人力资源管理，吸引、招募和甄选到合适的员工，进行科学合理的职位设计和岗位配备，实现高效的绩效管理和对员工的薪酬激励等。但是，随着人力资源管理的投入不断增加，也产生了一些问题。其中一个就是这些人力资源管理政策、管理活动以及资金投入是否获得了相应的回报，达到了预期的效果？这就要求对组织的人力资源管理活动进行科学的研究和论证，以可靠数据来验证人力资源管理的有效性，进而不断改进；不能仅仅停留在一般性的人力资源管理潮流、惯例，甚至各种似是而非的"说法"上，这种做法被称为"循证人力资源管理"，又被译为实证性人力资源管理，或基于事实的人力资源管理。

循证的实质是强调做事要基于证据，而不是模糊的设想或感觉等。它起源于 20 世纪末兴起的循证医学。有越来越多的政府机构和公共部门决策者，意识到了循证政策的重要性。英国政府在 1999 年发布的《实现政府现代化》白皮书中，明确将循证政策作为其行为准则。循证的理念很快渗透到管理学领域。循证管理的核心思想，就是要把管理决策和管理活动建立在科学依据上，通过收集、分析、总结和应用最佳、最合适的科学证据，来进行管理，对组织结构、资源分配、运作流程、质量体系和成本运营等做出决策，不断提高管理效率。

循证人力资源管理，实际上是循证管理理念在人力资源管理领域的一种运用，它是指运用数据、事实、分析方法、科学手段、有针对性的评价以及准确的案例研究，为人力资源管理方面的建议、决策、实践以及结论提供支持，简言之，循证人力资源管理就是审慎地将最佳证据运用于人力资源管理实践的过程。循证人力资源管理的目的，就是要确保人力资源管理部门的管理实践，对组织的收益或者其他利益相关者（员工、客户、社区、股东）产生积极的影响，并且证明这种影响的存在。循证人力资源管理通过收集关于人力资源管理实践与生产率、流动率、事故数量、员工态度以及医疗成本之间的关系的数据，向组织表明，人力资源管理确实能对组织目标的实现做出贡献。它对组织的重要性，实际上和财务、研发以及市场营销等是一样的，组织对人力资源项目进行投资是合理的。例如，循证人力资源管理可以回答这样一些问题："哪一种招募渠道能够给公司带来更多有效的求职者？""在新实施的培训计划下，员工的生产率能够提高多少？"员工队伍的多元化，给组织带来的机会多还是风险多？"从本质上说，循证人力资源管理代表的是一种管理哲学，即用可获得的最佳证据，代替陈旧的知识、个人经验、夸大的广告宣传、呆板的教条信念以及盲目的模仿，摒弃"拍脑袋决策"的直觉式思维，使人力资源决策牢固建立在实实在在的证据之上，同时证明人力资源管理决策的有效性。

在对很多组织的人力资源管理实践进行考察后不难发现，很多人力资源管理决策都缺乏科学依据，往往是依靠直觉和经验行事的。这不仅难以保证人力资源决策本身的科学合理，也无法证明或者验证人力资源管理活动对于组织的战略和经营目标的实现做出的实际贡献，导致人力资源管理在很多组织中处于一种比较尴尬的境地。因此，学会基于事实和证据来实施各项人力资源管理活动，可以产生两个方面的积极作用：一是向组织中的其他人证明，人力资源管理确实在努力为组织的研发、生产、技术开发、营销等方面提供有力的支持，而且对组织战略目标的实现，做出了实实在在的贡献；二是考察人力资源管理活动在实现某些具体目标和有效利用预算方面取得的成效，从而不断改善人力资源管理活动的效率和效果。

（二）循证人力资源管理的路径

人力资源管理者在日常工作中，如何实现循证人力资源管理呢？总的来说，人力资源管理者在注意做好以下四个方面的工作，将有助于贯彻循证人力资源管理的理念、提高人力资源管理决策的质量、增加人力资源管理对组织的贡献。

1. 获取和使用各种最佳研究证据

最佳研究证据是指经过同行评议或同行审查的，质量最好的实证研究结果，这些结果通常是公开发表的，并且经过了科学研究。在科学研究类杂志（符合国际学术规范的标准学术期刊）上发表的文章，都是按照严格的实证标准要求，并经过严格的评审的，这类研究成果必须达到严格的信度和效度检验要求。举例来说，在一项高质量的实证研究中，想要研究绩效标准对员工绩效的影响，通常会使用一个控制组（或对照组）。即在随机分组的情况下，要求两个组完成同样的工作任务（对实验组的绩效标准要求较高），然后考虑两组的实际绩效水平差异。而在另外一些情况中，则需要采取时间序列型的研究设计。例如，在考察晋升决策对员工工作状态的影响时，可以在晋升之前对候选人的工作积极性或绩效进行评估；在晋升决策公布之后，再次考察这些候选人的工作积极性或工作绩效。当然，无法在理想状态下进行，但能够控制住一些误差（尽管不能控制所有误差）的实证研究也具有一定的价值。这种证据对于改进人力资源决策质量，多多少少会有一些帮助，不过最好能确认哪些证据是可用的，以及应当如何使用这些证据。

2. 了解组织实际情况，掌握各种事实、数据以及评价结果

要系统地收集组织的实际状况、数据、指标等信息，确保人力资源管理决策或采取的行动建立在事实基础之上。即使是在使用上文提到的最佳实证研究证据时，也必须考虑到组织的实际情况，从而判断哪些类型的研究结果是有用的。总之，要将各种人力资源判断和决策，建立在尽可能全面和准确把握事实的基础之上。例如，当组织希望通过离职面谈，发现导致近期员工流动的主要原因，而很多离职者都提到了组织文化和领导方式的问题时，人力资源管理人员就应当继续挖掘，搞清楚到底是组织文化和领导方式中的哪些问题造成了员工流失。只有揭示了某种情况的具体事实，才能轻松找到适当的证据，确认导致问题出现的主要原因，同时制定并落实解决该问题的措施。关于组织实际情况，既可能涉及相对软性的因素，如组织文化、员工的教育水平、知识技能以及管理风格等，也可能涉及比较硬性的因素，如部门骨干员工流动率、工作负荷以及生产率等。

3. 利用人力资源专业人员的科学思考和判断

人力资源专业人员可以借助各种有助于减少偏差，提高决策质量，实现长期学习的程序、实践以及框架，做出科学的分析和判断。有效证据的正确使用，不仅有赖于与组织的实际情况相关的高质量科学研究结果，还有赖于人力资源决策过程。这是因为证据本身并非问题的答案，需要放在某个具体的情况中考虑，既要考虑做出明智的判断和高质量的人力资源决策，还需要对得到的相关证据和事

实进行深入的思考，不能拿来就用。但问题在于，由于所有人都会存在认知局限，在决策中不可避免地会存在各种偏差。这就需要采取一些方法和手段，帮助我们做出相对科学和客观的决策。幸运的是，在这方面，一些经过论证以及实际使用效果很好的决策框架或决策路径，能够提醒决策者注意到一些很可能会被忽视的、特定的决策影响因素。例如，一个组织正在设法改进新入职员工的工作绩效。多项实证研究结果表明，在其他条件一定的情况下，在通用智力测试中得分较高的人的工作绩效比较好。那么，让所有的求职者参加通用智力测试，能否确定员工入职后的绩效呢？显然不一定。如果这些求职者是最好的学校中成绩最好的毕业生，那么，这种测试实际上已经暗含在组织的甄选标准中。在这种情况下，人力资源管理人员就要判断：影响新入职员工绩效的还有哪些因素？如他们是否具备特定职位所要求的特定技能；是否存在需要解决的，某种存在于工作环境之中的特定绩效问题，如上级的监督指导不到位、同事不配合等。总之，在批判性思考的基础上，仔细对情境因素进行分析，找到一个能够对各种假设进行考察的决策框架，了解事实和目标等，将有助于得出更为准确的判断和解释。

4. 考虑人力资源决策对利益相关者的影响

人力资源管理者在进行人力资源决策时，必须考虑到伦理道德层面的因素，权衡其决策对利益相关者和整个社会可能产生的长期和短期影响。人力资源决策和人力资源管理实践，对于一个组织的利益相关者来说，会造成直接和间接的后果。这些后果不仅会对普通员工产生影响，而且会对组织的高层和中层管理人员产生影响，同时还有可能对诸如供应商、股东或者普通公众等组织外部的利益相关者产生影响。人力资源管理者制订的组织的人力资源招募和甄选政策，会对不同的求职者产生不同的影响，这些影响有正面的，也有负面的。具体而言，如果某种测试工具可导致某类求职者的总体得分低于其他求职群体，却与求职者的工作绩效没有太大关系，则应当舍弃这种测试工具。再比如，一个组织经过研究可能会发现，女性员工的晋升率远远低于男性，因为女性员工的工作绩效评价结果通常低于从事同类工作的男性，但导致这一结果的原因是组织的绩效评价体系有问题。那么，组织就应当考虑对绩效评价体系进行改进，确保晋升决策基于客观的事实。总之，对各种利益相关者都给予关注，是考虑周全且基于证据的人力资源决策的重要特征之一，它有助于避免人力资源决策在无意中对利益相关者造成不必要的损害。

（三）人力资源管理职能的有效性评估

循证人力资源管理，一方面要求组织的人力资源管理决策和人力资源管理实践应当建立在事实和数据的基础之上；另一方面还要求组织对人力资源管理职能的有效性要进行评估。评估组织的人力资源管理职能有效性有两种方法，即人力资源管理审计和人力资源管理项目效果分析。

1. 人力资源管理审计

在人力资源管理领域，以数字为基础的分析，常常用于对本组织内人力资源管理活动进行人力资源管理审计。人力资源管理审计是指按照特定的标准，采用综合研究分析方法，对组织的人力资源管理系统进行全面检查、分析与评估，为改进人力资源管理功能提供的方向与思路，为组织战略目标的实现提供科学支撑。

作为一种诊断工具，人力资源管理审计能够揭示组织人力资源系统的优势与劣势以及需要解决的问题，帮助组织发现缺失或需要改进的功能，支持组织根据诊断结果采取行动，最终确保人力资源管理职能为组织使命和战略目标作出最大贡献。

人力资源管理审计通常可以划分为战略性审计、职能性审计和法律审计三大类。其中，战略性审计，主要考察人力资源管理能否成为企业竞争优势的来源，以及对组织总体战略目标实现的贡献程度；职能性审计，旨在帮助组织分析各种人力资源管理职能模块或政策的执行效率和效果；而法律审计则比较特殊，它的主要作用在于考察组织的人力资源管理活动是否遵循了相关法律法规。

人力资源管理中的法律审计在西方发达国家受到高度重视，这是因为如果一个组织的人力资源管理活动出现了违反法律规定的情况，就会使组织面临巨额的经济惩罚。而在我国，目前除了一些出口企业，由于受到国际规则的限制，而不得不对人力资源管理活动的合法性和合规性进行审计和报告外，绝大部分的企业没有对自己的人力资源管理系统实施法律审计，部分企业的法律意识还比较淡薄。随着我国相关劳动法律体系的健全以及执法力度的加强，企业会因为人力资源管理活动或政策不合法，遭受越来越大的损失。在这种情况下，企业必须重视加强本企业人力资源管理政策和实践的法律审计，以确保其人力资源活动的合法性。

以人力资源招募和甄选过程中的法律审计为例，企业首先需要对组织的招聘政策、招聘广告、职位说明书、面试技术等关键环节的内容，进行详细、客观的描述，再根据这些内容来寻找相关的法律条款（如我国颁布的《中华人民共和国劳动法》及其配套法律法规等），进而将自己的管理实践与法律规定进行对比审计分析，在必要时根据法律要求和自身情况对其进行调整和改进。这样的审计过程能够使企业在很大程度上避免因违反相关法律法规而造成直接或间接的损失，这是人力资源管理职能所做的贡献之一。

人力资源管理审计的考察内容，通常是人力资源管理对于组织的整体贡献，以及各人力资源管理职能领域的工作结果，即以战略性审计和职能性审计居多。战略性审计主要考察人力资源管理对组织的利润、销售额、成本、员工的离职率和缺勤率等整体性结果产生的影响，而职能性审计则是通过收集一些关键指标来衡量组织在人员的招募、甄选与配置、培训开发、绩效管理、薪酬管理、员工关系管理、接班计划等领域的有效性。关于人力资源管理审计中的战略性审计和职能性审计所使用的指标问题，因为不同组织审计的出发点不同，以及各个组织的行业特点存在差异，所以审计指标的选取以及指标的详细程度会有所差异。

而其他的人力资源管理审计指标，则会针对人力资源管理的各个职能模块以及人力资源管理的总体有效性，分别进行衡量。

在确定了人力资源管理审计使用的衡量指标之后，相关人员就可以通过收集信息来进行审计了。其中，关键经营指标方面的信息，可以在组织的各种文件中查到，但有时人力资源部门为了收集某些特定类型的数据，需要创建一些新的文件。如对人力资源管理职能所要服务的相关客户（主要是组织的高层管理人员、各级业务部门负责人以及普通员工等）的满意度进行调查和评估，需要创建调查文件，收集相关信息。其中，员工态度调查或满意度调查能够提供一部分内部客户的满意度信息，而对组织高层直线管理人员的调查，则可以为判断人力资源管理实践对组织的成功经营所起到的作用提供信息。此外，为了从人力资源管理专业领域的最佳实践中获益，组织还可以邀请外部的审计团队对某些具体的人力资源管理职能进行审计。

现在，随着电子化员工数据库以及相关人力资源管理信息系统的建立，人力资源管理审计所需要的关键指标的收集、存储、整理以及分析工作越来越容易，很多满意度调查工作也可以通过网络来完成。这些情况有助于推动企业通过实施人力资源管理审计，提高人力资源管理政策和实践的效率。

2. 人力资源管理项目效果分析

衡量人力资源管理有效性的另一种方法，是对某项具体的人力资源管理项目或活动进行分析。对人力资源管理项目进行评价的方式有两种：一种是以项目或活动的预期目标为依据，考察某一特定的人力资源管理方案或实践（比如某个培训项目或某项新的薪酬制度）是否达到了预定的效果；另一种是从经济的角度来估计某项人力资源管理实践可能产生的成本和收益，从而判断其是否为组织带来了效益。

企业在制订一项培训计划的时候，通常会同时确定期望通过这个计划达成的目标，如通过培训在学习层、行为层以及结果层（绩效改善）产生效果。于是，人力资源管理项目分析就会衡量该培训计划是否实现了之前设定的目标，即培训项目对于受训者的学习、行为以及工作结果到底产生了怎样的影响。

另外，对上述培训项目培训效果还可以采用经济分析的方法进行评估，即在考虑与培训项目有关的成本的前提下，对该培训项目所产生的货币价值进行评估。这时，企业并不关心培训项目到底带来了多大变化，只关心它为组织贡献的货币价值（收益和成本之间的差异）。这些人力资源管理项目的成本，包括员工的薪酬以及实施培训、员工开发或者满意度调查等人力资源管理计划所支付的成本；收益则包括与员工的缺勤率和离职率相关的成本下降以及与培训计划有关的生产率的上升等，显然，成功的人力资源管理项目所产生的价值应当高于其成本，否则这个项目从经济上来说就是不合算的。

在进行人力资源管理实践成本收益分析时，可以采取两种方法，即人力资源会计法和效用分析法。人力资源会计法，试图为人力资源确定货币价值，就像为物质资源（比如工厂和设备）或经济资源（比如现金）定价一样，它要确定薪酬回报率、预期薪酬支付的净现值以及人力资本投资收益率等。而效用分析法，则试图预测员工的行为（比如缺勤、流动、绩效等）所产生的经济影响，如员工流动成本、缺勤和病假成本、通过甄选方案获得的收益、积极的员工态度所产生的收益、培训项目的财务收益等。与人力资源管理审计相比，人力资源管理项目效果分析的要求更高，因为它必须得到较为详细的统计数据，所需费用也较多。

二、优化人力资源管理职能的方式

为了提高人力资源管理职能的有效性，组织可以采取结构重组、流程再造、人力资源管理外包以及人力资源管理电子化等几种不同的方式。

（一）人力资源管理结构重组

传统的人力资源管理结构，主要围绕员工配置、培训、薪酬、绩效以及员工关系等人力资源管理的基本职能设定，是一种典型的按职能进行分工的形式。这种结构的优点是分工明确、职能清晰，缺点在于，这种结构形式下，人力资源部门只能了解组织内部全体员工某一个方面的情况，如员工所受过的培训或员工的薪酬水平、绩效状况等，但是对某一位员工，尤其是核心员工的各种人力资源状况，缺乏整体性的了解，导致人力资源部门在吸引、留住、激励以及开发人才方面，为组织做出的贡献大打折扣；同时，由于人力资源管理的职能模块各行其是，人力资源管理职能之间的匹配性和一致性较差，无法满足战略性人力资源管理的内部契合性要求，从而使人力资源管理工作的整体有效性受到损害。因此，越来越多的组织认识到，传统的人力资源部门结构划分需要重新调整。

近年来，很多大公司都开始实施一种创新性的人力资源管理职能结构，这种结构的人力资源管理的基本职能被有效地划分为三个部分：专家中心、现场人力资源管理人员以及服务中心。专家中心通常由招募、甄选、培训及薪酬管理等传统人力资源领域中的职能专家组成，他们主要以顾问的身份来开发适用于组织的各种高水平人力资源管理体系和流程。现场人力资源管理人员由人力资源管理多面手组成，他们被分派到组织的各个业务部门，具有双重职能。他们既要向业务部门的直线领导者报告工作，又要向人力资源部门的领导报告工作。这些现场人力资源管理人员，主要承担两个方面的责任：一是帮助自己所服务的业务部门的直线管理者，从战略的高度来强化人的问题，解决作为服务对象的特定业务部门中出现的各类人力资源管理问题，相当于一个被外派到业务部门的准人力资源经理；二是确保人力资源管理决策能够在整个组织中得到全面、有效的执行，从而强化帮助组织贯彻执行战略的功能。服务中心的主要任务是，确保日常的事务性工作能够在整个组织中有效完成。在信息技术不断发展的情况下，服务中心能够非常有效地为员工提供服务。

　　这种组织结构安排，通过专业化的设置，改善了人力资源服务的过程，真正体现了以内部客户为导向的人力资源管理思路。专家中心的员工，可以不受事务性工作的干扰，专注于开发自己现有的职能性技能。现场人力资源管理人员，可以集中精力了解本业务部门的工作环境，不需要竭力维护自己在专业化职能领域中的专家形象。而服务中心的员工，则可以把主要精力放在为各业务部门提供基本的人力资源管理服务上。

　　此外，从激励和人员配备的角度来看，这种新型的人力资源部门结构设计方式也有其优点。过去，由于人力资源管理职能是按模块划分的，每一位人力资源管理专业人员都陷入了本职能模块必须完成的事务性工作中。尽管一些人力资源管理专业人员的工作，有一小部分需要较高水平的专业知识和技能才能完成，但是大部分都属于日常事务性工作，导致一些人力资源管理工作者感觉工作内容枯燥、缺乏挑战性。新型的人力资源部门结构，根据工作内容的复杂性和难度，设计了三层次人力资源部门结构，可以让相当一部分人力资源管理专业人员摆脱日常事务性工作的束缚，集中精力做专业性的工作；同时，还可以让一部分高水平的人力资源管理工作者，完全摆脱事务性的工作，发挥他们在知识、经验和技能上的优势，重点研究组织在人力资源管理领域中存在的重大问题，从而为人力资源管理职能的战略转型和变革打下良好的基础。这无疑有助于组织的人力资源管理达到战略的高度，同时也有利于增强对高层次人力资源管理专业人员的工作激励。

这种新型的人力资源部门结构设置，已经在很多大型企业中得到有效实施。例如，在西门子公司，人力资源管理职能被划分为三类。一是人力资源战略职能。它主要负责与大学的联络、人力资源管理工具的开发等，包括招聘、薪酬福利、领导艺术等方面的培训课程，以及人力资源政策的开发、法律事务等。二是人力资源咨询职能，即由人事顾问面向各业务部门的经理以及员工，做关于招聘、雇佣以及员工发展方面的咨询。三是事务性管理职能，主要负责日常工资发放、医疗保险、养老金上缴、档案管理、签证等方面的事务。这种组织结构设计的特点是，将第二种职能当作人力资源管理部门面向公司员工与经理人员的窗口，由一个工作人员负责多个部门；而第一种职能和第三种职能则是人事顾问的两大支柱。

（二）人力资源管理流程再造

流程是指一组能够一起为客户创造价值的相互关联的活动进程，是一个跨部门的业务行程。流程再造，也称"业务流程再造"，是指对企业的业务流程，尤其是关键或核心业务流程，进行根本的再思考和彻底的再设计。其目的是使这些工作流程的效率更高，生产出更好的产品或提高服务质量，同时更好地满足客户需求。虽然流程再造常常需要运用信息技术，但信息技术并不是流程再造的必要条件。从表面上看，流程再造只是对工作流程的改进，但实际上是对员工的工作方式和工作技能等方面都提出全新的挑战。因此，组织的业务流程再造过程，需要得到员工的配合，并需要员工作出相应的调整，否则很可能会以失败告终。

流程再造的理论与实践，起源于 20 世纪 80 年代后期，当时的经营环境以客户、竞争以及快速变化等为特征，而流程再造正是企业为最大限度地适应这一时期的外部环境变化而实施的管理变革。它是在全面质量管理、精益生产、工作流程管理、工作团队管理、标杆管理等一系列管理理论和实践的基础上产生的，是发达国家在此前已经运行了 100 多年的专业分工细化及组织分层制的一次全面反思和大幅改进。

企业流程再造的一个经典案例，是美国的福特汽车公司。20世纪80年代初，福特北美公司财务部的员工人数超过500人。当福特公司在获得了马自达汽车公司25%的股权后，发现马自达汽车公司的全部财会工作仅靠5名员工完成。考虑到公司规模进行比较，福特汽车公司财务部的员工人数，是马自达公司的5倍。尽管福特公司借助办公自动化，使财务部员工减少到400人，但仍然无法与马自达公司的人员精简程度相提并论。因此，福特公司着手进行流程再造。在采购付款流程方面，福特公司一直沿用传统，即先由采购部发送订单给供应商，同时将订单副本交给财务部；等到供应商将货物运抵福特汽车公司后，公司货物验收单位会详细登记收货情况，并将验收单转交给财务部；同时供应商也会将发票送交财务部；在财务部将三种与货物有关的文件，即订单副本、验收单以及发票收齐并核对无误之后，即可如数付款。实施流程再造之后，采购部在将订单发给供应商的同时，将资料输入联网的数据库；当供应商将货物送到验收部门时，验收员通过电脑查询货物资料，若货物与数据库中的资料吻合，则签收货物，并将有关资料输入数据库，数据库在接到货物验收信息后，便会提醒财务人员据此签发支票；若货物不符合订单要求，验收员会拒绝收货，将其退还给供应商。在新的流程中，财务人员不用再拿着发票核对订单和验收单。福特汽车公司实施流程再造后，只需125名财务人员就可以处理整个采购付款流程。

　　流程再造不仅可以对人力资源管理中的某些具体流程，如招募甄选、薪酬调整、员工离职手续办理等进行审查，也可以对某些特定的人力资源管理实践，如绩效管理系统进行审查。在大量的信息系统运用于组织的人力资源管理实践的情况下，很多流程都需要进行优化和重新设计。在进行流程再造时，可以先由人力资源部门的员工对现有的流程进行记录、梳理和研究，然后由公司的高层管理人员、业务部门管理人员以及人力资源专业人员共同探讨，确定哪些流程有改进的必要。流程再造经常会用到人力资源管理方面的信息技术。大的人力资源管理软件以及共享数据库，为人力资源管理的流程再造提供了前所未有的便利。流程再造以及新技术的应用，能够带来如简化书面记录工作、删减多余工作步骤、使手工流程自动化以及共享人力资源数据等多方面的好处，不仅可以使企业节约在人力资源管理方面花费的时间，还能降低成本，从而提高人力资源工作的效率以及有效性。

IBM 公司的经历，说明一个组织的人力资源专业部门，能够通过流程再造调整自己的职能履行水平，从而不断提升人力资源管理活动的效率，强化其对组织的贡献。1993 年，IBM 公司的人力资源管理职能是以区域为中心设置的，范围很大、很分散，在世界各地共雇佣了 3500 多名员工。IBM 公司在改革之初，先将人力资源部门减至 2000 人，后来为适应公司压低成本的要求，再次进行大规模整合。到 2000 年，只剩下位于北卡罗来纳州拉雷市的一个不到 100 人的集中部门。该中心通过电话、电子邮件、传真、自动应答软件，每年能够向 70 多万名 IBM 员工及其家庭成员提供帮助，处理 700 万件以上的事务。据报道，在这套系统运行 6 年左右的时间里，IBM 公司共节约了 1.8 亿美元的成本。与此同时，IBM 公司员工对于人力资源服务的满意度提高到了 90% 以上。

（三）人力资源管理外包

除了通过内部的努力来实现人力资源管理职能的优化，很多企业近年来还探讨了如何通过外包的方式，改善人力资源管理的系统、流程以及服务的有效性。外包通常是指一个组织与外部的专业承包商签订合同，让它们为组织提供某种产品或者服务，而不是用自己的员工在本企业内部生产这种产品或提供服务。

很多组织选择将部分人力资源管理活动或服务外包，主要原因有以下四点：

第一，与组织成员自己完成可外包的工作内容相比，外部的专业化生产或服务提供商，能够以更低的成本提供某种产品或服务，从而使组织可以通过外包服务或产品降低生产或管理成本。

第二，外部的专业承包商有能力比组织自己更有效地完成某项工作。之所以出现这种情况，是因为这些外部服务提供者，通常是某一方面的专家。由于专业分工的优势，它们能够建立和培育一系列可以适用于多家企业的综合性专业知识、经验和技能，因此这些外部生产或服务承包商所提供的产品或服务的质量往往较高。但事实上，很多组织一开始都是出于效率方面的考虑，才寻求业务外包的。

第三，人力资源管理服务外包，有助于组织内部的人力资源管理工作者集中精力，做好对组织具有战略意义的人力资源管理工作，摆脱日常人力资源管理行政事务的困扰，从而使人力资源管理职能对于组织的战略实现，做出更大、更显著的贡献，真正进入战略性人力资源管理的层次。

第四，有些组织将部分人力资源管理活动外包，是因为组织本身规模较小，没有能力自行完成相关的人力资源管理活动，只能借助外部的专业化人力资源管理服务机构，提供某些特定的人力资源管理服务，如建立培训体系、设计培训课程等。

那么，哪些人力资源活动会被外包出去呢？最初，企业主要是将人力资源管理中的一些事务性工作外包出去，如招募和甄选的前期工作、一些常规性的培训项目、养老金和福利的管理等。现在，许多传统性人力资源管理活动，以及一些变革性人力资源管理活动，也开始被企业外包出去。有些企业甚至将人力资源管理中 50%～60% 的成本和职责都外包出去，只把招募高层管理人员和大学毕业生的工作，以及人力资源的战略管理工作，留在组织内部完成。人力资源管理活动的外包，可以帮助组织节约时间和成本，为组织提供最优的人力资源管理实践，改善组织为员工提供的各种人力资源管理服务的质量，使组织能够将精力集中在自己的核心经营活动上。但需要注意的是，走这种道路的公司，在将来也许会面临许多潜在的问题。这些问题主要表现在以下几个方面。

首先，成本节约在短期内可能不会实现。这是因为这些将人力资源业务外包出去的公司，不仅要设法处理好与外部伙伴之间的合作关系，还要重新思考战略性人力资源管理在公司内部扮演的角色。虽然将人力资源管理中的一些行政职能外包，可以使人力资源专业人员将更多的精力放到战略性人力资源管理活动上，但是企业中现有的人力资源专业人员可能并不具备做出战略贡献的能力。因此，企业还必须在提升现有人力资源专业人员的水平方面进行投资。其次，将人力资源管理业务外包的企业，可能会对某个单一外部服务提供者产生依赖，促使外部供应商提高服务成本。再次，组织和外部服务提供者可能会在由谁占据主导地位的问题上产生冲突。最后，人力资源管理外包，可能会向员工发出错误的信号，即员工可能会认为公司将大部分人力资源职能外包出去，代表着公司并不重视人的问题。

人力资源管理服务外包的上述潜在问题，提醒企业在实施人力资源管理服务外包的时候，必须充分考虑外包的成本和收益以及可能出现的各种问题。目前，我国出现了一批专业化的人力资源管理外包服务提供商，可以提供从人员招募甄选、员工培训、薪酬福利管理到外派员工管理、劳务派遣、劳动合同管理等各种人力资源管理外包服务。但是不同的企业，服务水平也参差不齐，企业在选择人力资源管理服务提供商的时候，要综合考虑其资质、服务能力、业务专业、未来服务的可持续性，并要就人力资源数据保密等问题签订相关的协议，以确保数据的安全以及保护员工隐私。

尽管人力资源管理服务外包存在上述问题，但人力资源外包的趋势并没有发生变化。这提醒组织内部的人力资源管理者，必须不断提升战略性人力资源管理方面的技能，否则，将来很可能会因为自己所从事的工作被外包出去而失去工作岗位。

（四）电子化人力资源管理

在提升人力资源管理的效率和有效性方面，计算机、互联网以及相关的一系列新工具和新技术，发挥着非常重要的作用。不仅如此，信息技术的发展，还为人力资源管理职能朝战略和服务方向转型，提供了极大的便利。人力资源管理应用信息技术实际上经历了三个阶段：一是人力资源信息系统阶段；二是人力资源管理系统阶段；三是电子化人力资源管理阶段。

1.人力资源信息系统阶段

人力资源信息系统，是在组织开展人力资源管理活动的过程中，对员工及其从事的工作等方面的信息，进行收集、保存、分析和报告的系统。人力资源信息系统，早期主要是对员工个人的基本情况、教育状况、技能、经验、所在岗位、薪酬等级以及家庭住址、紧急联络人等基本信息加以整理和记录，后来，逐渐扩展到出勤记录、薪酬计算、福利管理等基本人力资源管理功能方面。可以说，人力资源信息系统是一个人力资源管理辅助系统，也是一个基础性的人力资源管理决策支持系统,它可以随时为组织提供人力资源决策所需要的各项基础数据以及基本的统计分析功能。随着计算机的普及,基本上所有的企业都采用了人力资源信息系统。

对于大企业来说,由于员工人数众多,数据量较大,需要的计算和统计以及查询的人力资源信息非常多,利用计算机存储人力资源信息显然更是必然的。在人力资源信息系统中,有一个关联性数据库,即将相关的人力资源信息存储在不同的文件之中,但是这些文件可以通过某些共性要素或字段(比如姓名、员工号、身份证号码等)连接在一起。例如,员工的个人信息与薪酬福利信息及培训开发信息保存在不同的文件中,通过员工姓名将不同文件中的信息联系在一起,在进行人力资源管理活动时,就可以随时取用和合并相互独立的员工信息资料。

2.人力资源管理系统阶段

人力资源管理系统,是在人力资源信息系统上发展而来的,这种系统在传统的人事信息管理模块、员工考勤模块以及薪酬福利管理模块等一般性人力资源管理事务处理系统的基础上不断扩展,涵盖了职位管理系统、员工招募甄选系统、培训管理系统、绩效管理系统、员工职业生涯规划系统等几乎所有人力资源管理的职能模块。此外,人力资源管理系统以互联网为依托,属于互联网时代的人力资源管理信息系统。从科学的人力资源管理角度出发,它从企业的人力资源规划开始,包括个人基本信息、招募甄选、职位管理、培训开发、绩效管理、薪酬福利管理、休假管理、入职离职管理等基本的人力资源管理内容,能够使组织的人力资源管理人员从烦琐的日常工作中解脱出来,将精力放在更加富有挑战性和创造性的人力资源管理活动上,如分析、规划、员工激励以及战略执行等工作。

总体来说,人力资源管理系统,除了具有人力资源信息系统的日常事务处理功能,还增加了决策指导系统和专家系统。首先,日常事务处理系统是指在审查和记录人力资源管理决策与实践时需要用到的一些计算和运算,包括对员工工作地点的调整、培训经费的使用、课程注册等方面的记录以及填写各种标准化的报告。其次,决策支持系统主要用来帮助管理人员针对相对复杂的人力资源管理问题提供解决方案。这个系统常常包括"如果……那么……"这一类的字句,使该系统的使用者可以看到，当假设或数据发生改变时，结果会出现怎样的变化。例如，当企业需要根据人员流动率或劳动力市场上某种类型的劳动力的供给量，决定需要雇佣多少位新员工时，决策支持系统就能够给企业提供很大的帮助。最后，专家系统是通过整合某一领域中具有较丰富专业知识和经验的人所遵循的决策规则，形成的计算机系统。这一系统能够根据使用者提供的信息，向他们提出比较具体的行动建议。该系统所提供的行动建议，往往都是现实中的人力资源专家在类似的情形下可能会采取的行动。例如，在与一位员工进行绩效面谈时，如果员工情绪激动或者不认可领导做出的绩效评价结果，那么专家系统就会为主持面谈的管理者提供适当的解决方案。

3. 电子化人力资源管理阶段

电子化人力资源管理，是指基于先进的软件、网络新技术以及高速且容量大的硬件，借助集中式的信息库、自动处理信息、员工自助服务以及服务共享等方式，实施人力资源管理的一种新型人力资源管理实践。它能够起到降低成本、提高效率以及改进员工服务模式的作用。总体来说，电子化人力资源管理，实际上是一种电子商务时代的人力资源管理综合解决方案。它包含"电子商务""互联网""人力资源管理业务流程再造""以客户为导向""全面人力资源管理"等核心理念，综合利用互动式语音技术、国际互联网、客户服务器系统、关联型数据库、成像技术、专业软件开发、可读光盘存储器技术、激光视盘技术、呼叫中心、多媒体、各种终端设备等信息手段和信息技术，极大地方便了人力资源管理工作的开展。同时它为各级管理者和广大员工参与人力资源管理工作以及享受人力资源服务，提供了很大的便利。人力资源信息系统、人力资源管理系统，只是电子化人力资源管理得以实现和运行的软件平台和信息平台。这些平台在集成之后，以门户的形式表现出来，再与外部人力资源服务提供商共同构成电子商务网络，如电子化学习系统、电子化招募系统、在线甄选系统、在线人力资源开发系统、在线薪酬管理系统等。

从电子商务的角度来讲，电子化人力资源管理包括通过网络平台和电子化手段处理的三大类关系：企业与员工之间的关系、企业与企业之间的关系以及企业与政府之间的关系。首先是从企业到客户的人力资源管理。在人力资源管理领域，"客户"是指包括各级管理者和普通员工在内的"雇员"，从而将人力资源管理演变成了从企业到雇员的管理，这与在企业人力资源管理和开发活动中，将员工视为活动指向的客户的观点是一致的。电子化管理，首先是可以通过网上的互动完成相关人力资源事务的处理或交易，使员工可以像客户一样从网络上获得人力资源部门提供的产品和服务。其次是从企业到企业的人力资源管理。其中一个企业是指组织，另外一个是指外部人力资源管理服务提供商，即组织可以通过电子化人力资源管理平台，以在线的方式从专业化的外部人力资源管理服务提供商，如咨询公司、各类招聘网站、电子化学习服务提供商处，购买各类人力资源管理服务。最后是从企业到政府的人力资源管理。电子化人力资源管理可以帮助企业处理与政府、劳动力市场以及劳资关系和社会保障等事务的主管部门发生的业务往来，将原来通过书面或人工方式实现的往来业务转移到网上自动处理，如各项劳动保险的办理、劳动合同和集体合同的审查等。

　　总的来说，电子化人力资源管理可以给组织带来以下四个方面的优势。

　　一是提高人力资源管理的效率以及节约管理成本。相比传统手工操作的人力资源管理，电子化人力资源管理的效率显然要高得多。电子化人力资源管理，是一种基于互联网和内联网的人力资源管理系统，公司的各种政策、制度、通知等都可以通过网络渠道发布；很多日常人力资源管理事务，如薪酬的计算发放、所得税的扣缴以及各种人力资源报表的制作等，都可以通过系统自动完成；员工和各级管理人员，也可以通过系统自主查询自己需要的各种人力资源信息，或者自行注册自己希望得到的各种人力资源服务（比如希望参与的培训项目或希望享受的福利计划等）。与此同时，人力资源管理活动或服务，所占用的组织人员数量和工作时间大幅减少，管理成本也大幅降低。尤其是那些员工分散在全球各地的全球性或国际化企业，可以大幅节约人力成本和管理成本。

　　二是提高人力资源管理活动的标准化和规范化水平。电子化人力资源管理通常是对数据进行集中式管理，将统一的数据库放在客户服务器上，然后通过全面的网络工作模式实现信息全面共享。这样一来，得到授权的客户，就可以随时随地接触和调用数据库中的信息。此外，在电子化人力资源管理中，很多人力资源管理实践是建立在标准的业务流程基础之上的，它要求使用者的个人习惯服从于组织的统一管理规范，这对实现人力资源管理行为的一致性非常有帮助。这种信息存储和使用模式，不仅可以使人力资源管理活动和服务跨时间、跨地域，也能够确保整个组织的人力资源管理信息和管理过程的规范性、一致性，同时还提升了人力资源管理工作的透明度和客观性，有助于避免组织因为个人的因素陷入法律诉讼，确保公平公正，提升员工的组织信任度和工作满意度。

三是彻底改变人力资源部门和人力资源专业人员的工作重心。在传统的人力资源管理方式下，人力资源部门和人力资源专业人员做的最多的是行政事务性工作，其次是职能管理类工作，而在战略性工作方面花费的时间很少。在电子化人力资源管理的环境下，人力资源工作者将工作重心放在为企业提供人力资源管理咨询服务上，而行政事务性工作被电子化、自动化的管理流程取代，甚至过去大量的数据维护工作，也可以在授权后由直线经理与员工分散完成。电子化人力资源管理推动了人力资源职能的变革，使人力资源部门和人力资源管理工作者能够真正从烦琐的日常行政事务中解脱出来，使他们从简单的人力资源信息和日常性人力资源服务的提供者，转变为人力资源管理的知识和解决方案的提供者，能够随时随地为领导层和管理层提供决策支持，促使他们对组织最为稀缺的战略性资源，即各类人才给予更为全面的关注。电子化人力资源管理，能够为人力资源管理专家提供有力的分析工具和可行的建议，帮助人力资源部门建立积累知识和管理经验的体系，还有助于提升人力资源部门和人力资源专业人员的专业能力和战略层次，增强他们为组织做贡献的能力，从而使其他组织成员对他们给予重视，促使他们名副其实地进入战略伙伴的角色。

四是强化领导者和各级管理者的人力资源管理责任，促使全员参与人力资源管理活动。首先，虽然电子化人力资源管理使人力资源管理过程更加标准化、简便化，但是除了建立人力资源管理体系，人力资源管理活动，监控管理过程的汇总、分析管理结果等工作，仍然需要人力资源部门统一完成，具体的人力资源管理活动会越来越多地委托给直线管理人员。直线经理可在授权范围内，在线查看所有下属员工的人事信息，更改员工的考勤信息，向人力资源部门提交招聘或培训等方面的计划，对员工提出的转正、培训、请假、休假、离职等申请进行审批，并且能够以在线方式对员工的绩效计划、绩效执行以及绩效评价和改进等绩效管理过程加以管理。

其次，组织领导者可以通过电子化人力资源管理平台，查询人力资源信息和人力资源指标变化情况，还可以通过平台做出决策。具体来说，领导者不仅可以在某项人力资源管理活动流程到达自己这里的时候，通过电子化人力资源管理平台直接在网上（在离开办公室的情况下可以利用智能手机）进行相关人力资源事务的处理；也可以在不依赖人力资源部门的情况下，自助式地获知组织的人力资源状况，并进行实时监控；还可以获得如做出决策所需要的人力资源指标变动情况等各项信息。电子化人力资源平台，可以使领导者和管理者越来越直接地参与到人力资源管理的各项决策以及政策的实施过程之中。

最后，员工也可以利用电子化人力资源管理平台，在线查看组织制定的各项规章制度、组织结构、岗位职责、业务流程、内部招募公告、个人的各种人事信息、薪酬的历史与现状、福利申请及享受情况、考勤休假情况，注册或参加组织内部培训课程，以及提交请假或休假申请。此外，员工还可以在得到授权的情况下，自行修改个人信息数据，填报个人绩效计划和绩效总结，以及与人力资源部门进行沟通和交流等。

正是由于上述优势，电子化人力资源管理这种能够适应以网络化、信息化、知识化和全球化为特征的新环境的人力资源管理模式，才成为当今企业人力资源管理领域的一个重要发展趋势。近年来，我国很多企业逐步构建和完善了电子化人力资源管理系统。此外，我国市场上也出现了不少电子化人力资源管理服务供应商，用友、金蝶等大型软件供应商，也在原来的人力资源管理系统的基础上，纷纷开发出综合性的电子化人力资源管理信息平台。可以预见，电子化人力资源管理在我国企业中的普及速度会越来越快，也必将有越来越多的企业从中受益。

第六章

企业人力资源管理信息化建设与实践

第一节　人力资源管理信息化建设的基础与原则

一、信息化发展为人力资源管理信息化奠定基础

20 世纪以来，信息技术的发展为信息化创造了条件。先进的信息技术在国民经济各部门和社会活动各领域的普遍应用，大大提高了社会劳动生产率和工作效率，使人们认识到信息化的作用，开始步入信息化发展的新阶段。

信息产业和信息基础设施飞速发展，特别是办公自动化的迅猛发展，为人力资源管理信息化建设创造了良好条件。随着计算机技术的发展和广泛应用，办公自动化系统的普及率提高，信息应用系统建设、网络建设取得极大进展，应用软件和硬件技术水平有所提高，为人力资源管理信息化搭建了平台，提供了技术保障。

（一）社会环境为人力资源信息化建设创造了良好的氛围和条件

各级政府的重视和支持为人力资源信息化建设的健康发展提供了可靠的保障；国内外有关计算机辅助人力资源管理研究成果的取得，为人力资源信息化建设积累了宝贵的经验；引进和培养了一批具有人力资源信息加工和管理、数据库管理和维护、应用系统开发能力的专门人才，为专业人才队伍的新发展创造了优

越的条件，奠定了良好的基础；人力资源部门在从事务性角色转变为战略合作伙伴角色的过程中，走上了自动化、网络化的必由之路，满足人力资源管理全面化的需求，构建高效、务实、快捷而稳定的平台。一些专业的 IT 和管理咨询机构，已经将工作重心转移到信息化与人力资源管理发展的综合研究当中。

（二）社会信息化促使人力资源信息系统建立和完善

信息化已经成为中国经济与社会发展最重要的推动力，信息的重要性已被广为认同，信息系统也已逐步渗透到政府组织和企业中，信息系统开始从传统的后台支持转变为新业务开展的直接驱动力，信息技术（IT）也日益成为企业的直接利润来源，各种组织对信息系统的依赖程度在不断增加。

人力资源信息是重要的信息资源之一，深入开展人力资源工作需要进行量化的分析，需要建立模型对人力资源信息数据进行整理和挖掘。人力资源管理部门要改善其在组织内部的形象，提升人力资源管理的水平，提高员工满意度，需要借助信息系统提供自助服务或个性化服务。运用信息技术可以进行人力资源信息的加工处理，并进行综合分析与管理，实现信息资源的开发与共享。目前，人力资源信息系统已在一定程度上得到应用。

信息技术的应用使人力资源管理现代化建设取得显著成绩，人力资源信息得到了大力开发，人力资源管理基础设施飞速发展，人力资源管理现代化水平大大提高，各项建设取得巨大成就。人力资源管理部门工作发生了深刻的变化，从传统的手工管理方式向现代化管理方式转变，从封闭、半封闭型向开放型转变，信息化的环境已经具备。

（三）人力资源管理的网络自助服务获得发展

网络技术将使人力资源管理体系随着信息流的延伸或改变而突破限制，延伸到企业各个层面，组织各级管理者及普通员工也能参与到人力资源的管理活动中，建立更紧密的联系，网络招聘就是一个典型应用。这种网络自助服务建立在人力资源管理系统基础之上，是对人力资源管理系统功能的扩展。

可以预见，伴随着信息化进程，我国的社会结构将发生根本性变化，社会面貌和生活方式也将发生巨大变化。全面建成小康社会，必将大力推进信息化，我国的信息化建设将进入一个全新的时代，人力资源管理的信息化建设也将迈开新的步伐。

二、人力资源管理信息化建设应遵循的原则

人力资源管理信息化建设是一项范围广、投入大、周期长的系统工程，是一项关系人力资源事业发展全局的战略举措，涉及组织结构、管理理念、业务流程甚至企业文化，是各项工作的整合。要成功地实施人力资源管理信息化，必须遵循一定的原则。

（一）循序渐进原则

人力资源管理信息化贯穿于人力资源管理全过程，是一项长期而艰巨的任务。人力资源管理信息化横跨人力资源部、财务部、IT 部门等多个部门，涉及诸多技术要素，需要人力资源从业者具备信息技术背景、项目管理和人力资源管理等综合能力。另外，中国企业的人力资源管理水平参差不齐，各个企业的需求层次也不一样，多样化的需求加大了人力资源管理信息化建设的难度。因此，人力资源管理信息化面临巨大挑战，既要坚持科学性、适用性，又要兼顾先进性、前瞻性。这就要求人力资源管理信息化建设，在总体规划的基础上，循序渐进，量力而行，分步实施，有条不紊地进行和完善。

循序渐进原则即整体规划、分步实施。根据实际需求，采取渐进式的解决方案，分阶段、分规模、分步骤、分模块进行信息化。不一定采用完整的解决方案，运用大型、多个功能模块的综合性系统，可以从使用某一职能模块入手，或者选择集成的解决方案。基础好、资金实力强的企业可以一步到位，但对于多数企业来说，还应按功能模块分步实施，根据自身工作的特点和能力，找到信息化的切入点。尤其是中小型企业在人力资源管理信息化中应该量力而行，可以先通过建立网站，发布人力资源信息、收集信息资源。

循序渐进原则，要求考虑人力资源管理的需求，重点突破，务求实效。在不同阶段完成不同的任务，逐步完善人力资源管理信息化建设。

人力资源管理信息化的初级阶段，主要任务是实现人力资源基础管理，建立专门的人事和行政管理团队，对员工和业务团队进行指导，引导员工执行决策层的决定，可选用人力资源管理系统的基本模块，避免为求完美而花费太多的时间和资金。

人力资源管理信息化的规范化管理阶段，主要任务是规范人力资源管理、优化业务流程，满足灵活的组织架构调整和基础人事事务处理及信息维护需求、薪资管理需求及员工社保福利管理需求。可以通过人力资源系统的标准模块，提供人事、薪资、社保福利等常用报表，提供个性化的自定义报表，满足人力资源分析需求。

人力资源管理信息化的高级管理阶段，主要任务是建立人力资源战略管理平台。创建以能力素质模型为基础的任职管理体系和以绩效管理为核心的评估与激励体系，创建由 CEO（首席执行官）、人力资源经理、业务经理和员工共同组成的战略人力资源管理平台，将高层的战略目标层层分解到每个部门、每个员工。

（二）电子文件与纸质文件并存原则

在人力资源管理过程中形成了大量的信息，既有纸质文件又有电子文件。随着办公自动化，人力资源电子文件信息越来越多。对于具有长期保存价值的人力资源电子文件，一定要有相应内容的纸质文件归档保存。同时，人力资源电子文件也要按照其记录信息的保存价值进行物理归档，转化为电子档案，并按有关规定安全保管。凡是实现了办公自动化的单位，都要实行电子文件和纸质文件的归档双轨制。人力资源部门要从人力资源管理的特点出发，对单位办公自动化的设计和建设提出人力资源管理和电子文件归档方面的要求，以人力资源管理信息化建设为动力，不断提高人力资源管理的现代化水平。

（三）强化管理与资源共享原则

人力资源管理信息化过程只是为提高人力资源管理水平提供了一个平台，整体管理水平的提高最终还在于管理人员的素质。人力资源管理信息化的关键在于管理基础，在于管理水平能否达到信息化的要求，包括对管理理念、管理方法和管理技术的整合。信息化程度与管理水平是相辅相成的，人力资源管理信息化需要与之相适应的管理，同时信息化又必然能够提高整体管理水平。

各单位、各部门要从信息化建设的全局出发，充分利用已有的网络基础业务系统和信息资源，加强整合，主动提供相关信息，促进互联互通，信息共享，实现共建共享。

总之，人力资源信息化建设，将极大地促进人力资源信息的开发利用，促进人力资源管理方式的转变，促进人力资源管理理论和实践的发展，为人力资源管理全面实现现代化打下基础。

第二节　企业人力资源管理信息化建设的基础

国家高度重视信息化基础设施建设，提出了明确的方针，健全信息网络体系，提高网络容量和传输速度。大力发展高速宽带信息网，重点建设宽带接入网，适时建设新一代移动通信网。强化网络与信息安全保障体系建设。基础设施是人力资源管理信息化建设中非常重要的保障条件之一，主要包括计算机软硬件基础环境和各类辅助设施，如信息高速公路和宽带网、各种通信网、内部局域网，以及与之相配套的软硬件设备等。

人力资源管理信息化基础设施建设的重点是，配备适宜的计算机设备和计算机网络，建立互联网，构建数据库，尽快建立具有相当规模、面向未来、结构合理、高速宽带的信息化基础设施，为全面推进人力资源管理信息化奠定基础。

一、计算机网络

计算机网络发展至今，已逐步形成了开放式的网络体系和高速化、智能化、应用综合化的网络技术。计算机网络已成为信息产业时代广泛使用和十分重要的信息传播媒介，深刻影响着现代生活。

（一）计算机网络的功能

计算机网络是将不同地理位置的具有独立功能的多台计算机，通过软、硬件设备连接起来，按照网络通信协议和网络操作系统来进行数据通信，以实现资源共享和信息交换的系统。计算机网络有如下五个功能。

1. 数据传输

数据传输是计算机网络的最基本的功能，也是实现其他功能的基础，实现计算机与终端、计算机与计算机间的数据传输，如发送电子邮件、传真、远程登录、发布信息、人力资源信息利用。

2. 资源共享

资源共享是计算机网络最常用的功能，包括共享软件、硬件和数据资源。具有访问权限的用户，可以通过计算机网络中的任意一台计算机，使用网络中的程序、数据和硬件设备，冲破时空的限制，沟通交流信息。资源共享增强了网络上计算机的处理能力，极大地提高了系统资源的利用率。不仅满足局部地区的数据、文件传输需要，使各用户计算机的利用率大大提高，而且可以在一个国家内甚至全世界进行信息交换、存储和处理，扩展了计算机的应用范围。用户使用千里之外的数据和程序时，就像使用本地的数据和程序一样，感觉不到地理上的距离。

3. 高可靠性处理

计算机网络本身就是一个高度冗余容错的计算机系统，联网的计算机可以互为备份。网络中一台计算机或一条传输线路出现故障，可通过其他无故障线路传递信息，在无故障的计算机上运行需要的处理。分布广阔的计算机网络的处理能力，可以防止由于故障而无法访问或由于其他原因造成数据破坏。

4. 分布式处理

计算机网络用户可根据需要合理选择网上资源。当某台计算机负担过重，或该计算机正在处理某项工作时，网络可将新任务转交给空闲的计算机完成，均衡各计算机的负载，提高处理问题的实时性；对于复杂的综合性任务，可以划分成许多部分，充分利用网络资源，由网络内各计算机协作完成，使整个系统的性能增强，达到均衡使用网络资源、实现分布处理的目的。

5.集中管理

计算机网络技术的发展和应用，已使现代办公、人力资源管理发生了很大的变化，可以实现日常工作的集中管理，提高人力资源工作效率，增加经济社会效益。

（二）计算机网络的分类

计算机网络具有多种分类方式。按用途分，有共享资源网、数据处理网、数据传输网、大型商用网、企业管理网等；按通信交换技术分，有线路交换网和分组交换网；按通信传输技术分，有基带网和宽带网；按传输介质分，有无线网和有线网。

城域网所采用的技术与局域网相似，只是规模要大一些。它既可以覆盖相距不远的几栋办公楼，也可以覆盖一个城市；既可以支持数据和语音传输，也可以与有线电视相连。城域网一般只包含 1 ~ 2 根电缆，没有交换设备，因而设计比较简单。

广域网是在一个国家，甚至全球的广泛地理范围内所建立的计算机网，实现两个以上有一定距离的计算机局域网或远程工作站的连接和通信，包括运行用户应用程序的机器和子网两部分。运行用户程序的计算机通常称为主机，主机通过通信子网进行连接。子网通常由传输线和交换单元组成，其主要功能是把信息从一台主机传送到另一台主机上。广域网的覆盖范围十分广泛，对通信的要求高，要按照一定的网络体系结构和相应的协议来进行。为实现不同系统的互联和相互协同工作，必须建立开放系统互联。

计算机网络是信息时代人力资源管理的重要工具和载体。当今席卷全球的以比特的转移和共享为特征的信息革命中，计算机网络对人力资源管理的冲击是其他载体所无法比拟的。计算机网络提供了一个人力资源信息被获取、被增值的平台，使人们可以冲破时空的障碍共享信息，获得与世界同步发展的机会，人力资源管理进入了一个全新的充满机会和挑战的时代。

计算机网络已成为连接整个世界的工具，是反映整个社会政治、经济、文化、科技、教育等情况的巨大的信息源。离开了计算机网络，人们之间的交流就会受到时空的限制，人力资源管理就会跟不上时代发展的步伐。可以说，计算机网络是人力资源管理信息化的物质基础。在人力资源管理信息化建设过程中，应配备与人力资源管理信息化规模相适应的计算机设备和计算机网络，为人力资源管理插上腾飞的翅膀。

计算机网络的建设，将会把大量用户紧密联系在一起，形成一个有机整体；将会使人力资源电子信息的收集积累、整理鉴定和保管利用工作变得更快速、简捷和方便；将会使数据库的资源，得到更充分更广泛的开发利用；甚至会改变人力资源管理者对人力资源电子文件管理的认知，形成人力资源电子文件科学的管理方法和新的管理模式。

在计算机网络建设中，要提高信息技术运用能力，维护网络安全。做到强化信息意识，把对于信息和信息技术的掌握作为员工的考察和任用的重要依据；建立计算机网络的管理机制，把对于风险的防范和处理作为管理中不可缺少的重要组成部分。为保证信息和网络安全，要采取多种保护措施，提高网络的安全可靠性，保证信息通信安全畅通。在技术方面，为防止越权利用，可以使用身份认证技术；为防止信息泄漏，可以使用信息加密存储传输、授权技术；为防止黑客攻击，可以使用防火墙技术、网络防毒技术。在管理方面，建立健全制度，对各项安全要求做出具体规定，形成一套完整的、适应网络环境的安全管理制度，包括人员管理制度、保密制度、跟踪监督制度、数据备份制度、病毒定期清理制度。这是保证网络安全的重要基础工作，是确保信息安全的规范和准则。

二、局域网的特点、构成与应用

计算机网络作为信息技术的基础，是当今世界最为活跃的技术因素。20 世纪 70 年代末出现的计算机局域网，在 20 世纪 80 年代获得飞速发展和大范围的使用，20 世纪 90 年代步入更高速的阶段。目前，计算机局域网的使用已相当普遍。

（一）局域网的特点

局域网是一个在局部的地理范围内将各种计算机、外部设备和数据库等连接起来组成的计算机网，在计算机网络中占有非常重要的地位。

局域网是处于同一建筑、同一组织，或方圆几公里地域内的专用网络，允许用户相互通信和共享诸如打印机、绘图机和存储设备等资源，通过公共数据库共享各类信息，向用户提供信息服务。

局域网覆盖范围比较小，投资少，配置简单，通常使用一条电缆连接所有的计算机。由于地理范围较小，局域网通常比广域网的传输速度高，传输质量好，误码率低，具有高可靠性、易扩充和易于管理及安全等多种特性。

局域网一般由专用的传输媒介（如电缆、光缆和无线媒体）构成，通信处理由网卡完成，可与远方的计算中心、数据库或其他局域网相联成为一个大型网络的一部分。局域网被广泛应用于连接企业的个人计算机或工作站，以利于个人计算机或工作站之间共享资源和数据通信。单一的局域网覆盖的范围小，资源也比较有限，要扩大通信和资源共享范围，就需要将若干个局域网连接成为更大的网络，使不同网络的用户能够互相通信、交换信息，共享资源。

（二）局域网的构成

1. 计算机

局域网是一种计算机网络，因而计算机是构成局域网的基本组成部件。属于计算机设备的有服务器、工作站、共享设备等。其中，服务器是网络的核心设备，负责网络资源管理和用户服务，是一台专用的计算机；工作站是指具有独立处理能力的个人计算机；共享设备是指由众多用户共享的公用设备，如打印机、磁盘机、扫描仪等。

2. 传输媒体

计算机互连在一起，离不开传输媒体。用于连接网上各节点的传输介质分成硬介质和软介质两类。硬介质可以是同轴电缆、双绞线和光导纤维电缆。其中，光纤的传输利用了光信号折射原理，具有信号损耗小、频带宽、传输率高和抗电磁干扰能力强等特点。软介质主要采用微波通信、激光通信和红外线通信三种技术。

3. 网络连接设备

网络连接设备有网内连接设备和网间连接设备。网内连接设备包括网卡（又称网络适配器）、终端匹配器、中继器、集线器等。网卡是计算机和计算机之间直接或间接通过传输介质相互通信的接口，提供数据传输的功能，关系用户将来的软件使用效果和物理功能的发挥。终端匹配器主要用于总线型结构的两个端点上，起阻抗匹配的作用。中继器又称转发器，作用是把网络段上的衰减信号加以放大和整形，使之成为标准信号传递到另一个网络段。集线器，又称多口转发器，是一种特殊的中继器，可以作为多个网络电缆段的中间转接设备而将各个网络段连接起来，若网络上某条线路或节点出现故障，不会影响其他节点的正常工作。

网间连接设备包括网桥、路由器、网关等。网桥起着扩充网络的作用，连接两个相同类型的网络，以相同的网络操作系统和通信协议为基础。网桥既有中继器的功能，还有信号收集、缓冲及格式转换的作用。路由器可连接不同类型的网络，既有网桥的功能，还有路径选择功能，多个网络互连后，可自动选择一条传输率较高的路径进行通信。网关也称为协议变换器，主要是转换两种不同软件协议的格式。

4. 网络操作系统

网络操作系统是网络的心脏和灵魂，是网络的主体软件，是向网络计算机提供服务的特殊操作系统，处理网络的请求、分配网络资源、提供用户服务和监控管理网络，使计算机操作系统具有网络操作所需要的能力。

网络操作系统的目的是使网络相关特性最佳，如共享数据文件、软件应用，以及共享硬盘、打印机、调制解调器、扫描仪和传真机等。

网络操作系统从根本上说是一种管理器。管理局域网用户和局域网打印机之间的连接，跟踪每一个可供使用的打印机及每个用户的打印请求，并满足请求，对每个网络设备之间的通信进行管理。网络操作系统的各种安全特性可用来管理每个用户的访问权力，确保关键数据的安全保密，如文件加锁功能，可以跟踪使用中的每个文件，确保一次只能一个用户对其进行编辑。

（三）局域网在人力资源管理中的运用

在人力资源管理过程中，可以利用局域网使人力资源信息上网发布。人力资源部门将有关工作信息和可公开利用的人力资源信息上传局域网，用户只要按照有关要求或程序，点击鼠标，就可以查阅所需人力资源、人力资源管理工作方面的信息。

通过局域网上网的人力资源信息主要有：人力资源工作信息，包括人力资源工作动态信息、人力资源政策法规信息、人力资源工作发展规划信息、人力资源培训与考核信息等；机构信息，包括管理机构、业务机构的基本职能、部门设置、例行服务、联系方法等；人才资源信息，包括开发利用有关的数字化目录信息、全文信息、特色图片资料等；人力资源利用服务信息，包括人力资源部门的服务对象、服务方式、服务内容、服务政策。

通过局域网可进行人力资源电子信息利用。利用方式包括阅览、复制、网上咨询、计算机编研等。在人力资源电子文件日益成为文件主导形式的趋势下，广泛地使用计算机和通信系统，对大量信息进行收集、积累、整理和分析，丰富信息资源，充分开发人力资源信息，最大限度地为社会服务，迅速、准确地提供一切可能提供的信息为社会进步和经济发展服务。

局域网在人力资源管理中的应用还体现在：人力资源信息目录的管理，对使用频率高的或对外开放的信息目录进行管理，尽可能提高信息检索速度和查准率、查全率；进行文件处理和业务工作，包括收发文件、统计分析与预测、数据积累、文字处理，以及人事、工资、设备等的管理，节省大量的人力和时间，提高工作效率；进行人力资源信息全文存储与检索，直接对信息全文处理并自动检索全文信息。局域网可以将相关联的人、信息、业务环节连接在一起，构成整体，达到整体大于部分的效果。

三、国际互联网与应用

20世纪90年代以后，随着计算机与通信技术的结合，推动了计算机信息网络的全面发展和普及。由计算机网络形成的世界范围的国际互联网。越来越成为社会开发利用信息最有效的手段。目前，在技术进步和应用需求共同推动之下，互联网正以惊人的速度不断发展，对全人类的经济活动和社会生活产生着日益广泛的影响，对人力资源管理活动带来冲击，成为人力资源管理信息化的必要条件。

（一）互联网在我国的发展利用现状

互联网是当今世界最大、最流行的计算机网络，被人们称为全球性、开放性的信息资源网。因特网最早由美国政府建立，它的前身是阿帕网，起源于20世纪60年代连接全美高校计算机的广域网络，1969年由美国国防部高级研究计划局为"冷战"的目的而开始投入运行，而后，阿帕网扩展成国际互联网。

因特网实际上是由世界范围内众多计算机网络相互联结而成的一个网络集合体，是一个集全球各领域、各机构的信息资源于一体供上网用户共享的信息资源网，是一个以通信协议连接世界各地各部门的计算机网络的数据通信网。由于因特网采用了TCP/IP（传输控制协议/互联协议）通信协议，成为世界上最大的互联网络，已经从最初简单的研究工具演变成为世界范围内个人及机构之间重要的信息交流工具。目前，因特网正在向全世界各大洲延伸扩散，不断增添吸收新的网络成员，已成为唯一能覆盖全球的计算机互联网络。

1986年，中国科学院等一些单位通过长途电话拨号方式进行国际数据库检索，这是我国使用因特网的开始。1994年4月，中国的四大互联网之一的CAS-NET建立，正式接入因特网，并由世界银行贷款，我国政府配套投资，由中科院主持建设了"中国国家计算机与网络设施"（NCFC），它由科学院网、北大校园网、清华校园网组成。其后，我国启动教委系统的中国教育和科研计算机网，在1995年建立了一个全国网络中心和多个地区网络中心，有近百所大学校园网与之并网。

（二）互联网在人力资源信息开发方面的运用

互联网在人力资源信息开发利用方面具有强大的功能，它在提供丰富的人力资源信息的同时也提供了大量方便的工具，其中最基本的工具有电子邮件（E-mail）、文件传输协议（File Transfer Protocol，FTP）、远程登录（Telnet）等，还可以通过各种工具对网上的各类人力资源信息进行查询。

1. 电子邮件

电子邮件是互联网上目前使用最广泛的工具，也是互联网最主要的用途。用户通过网络传送给特定的用户或一群用户信息，时效强，费用低。电子邮件是一种利用计算机网络进行信息传递的现代化通信手段，其快速、高效、方便、价廉等特点，使人们越来越热衷于它。

电子邮件是从一台计算机上的一个用户向目的地主机的接触用户发送信息的一种方式。邮件大多为文本格式，图形和照片也可以放入邮件中发送，一些邮件还包含声音，甚至视频动画。

电子邮件由邮件标题和消息体组成。标题包括发送者、接收者、日期、主题。发送者和接收者两栏各填写计算机在网上的地址，消息体是填写邮件所要表达的具体内容，另外，邮件后面还可以有附件和签名。

2. 文件传输协议

文件传输协议（FTP）是一个在远程计算机系统和本地计算机系统之间传输文件的标准。它的工作就是实现用户的计算机和远程计算机的连接，并保证文件能正确、迅速地在用户计算机与文件服务器之间传输。它是在因特网上通过访问远程文件系统，在计算机之间传输文件，包括从远程计算机获取文件，或将文件从本地计算机传送到远程计算机。

网络最早的作用是信息资源共享，文件传输成为必不可少的服务。文件传输协议是由因特网的前身阿帕网建立的，它是目前用在因特网上的 TCP/IP 协议组的一部分。文件传输协议是文件传输的标准协议，用它进行文件传输时，两端的计算机类型可以不同。

文件传输协议的基本操作步骤：第一，与文件传输协议服务器联机；第二，登录对方主机；第三，查找所需文件；第四，定义被传送文件的类型；第五，存取文件；第六，退出对方系统。这六个步骤构成了文件传输协议的全过程。

3. 远程登录

远程登录是指一个地点的用户计算机可以登录到另一个地点的计算机上，成为该计算机的一个终端。这样就可以实时使用远程计算机上对外开放的全部资源，查询数据库、检索资料，或利用远程计算机完成只有大型机，甚至巨型机才能完成的工作。

当使用远程登录登录到远程计算机上以后，用户的计算机称为终端，而所登录的计算机则称为主机。有了远程登录，即使远程计算机相距万里之遥，也可以坐在自己的计算机前进行操作，通过键盘直接向远程计算机发送命令，远端计算机接收和执行命令后，再将结果显示在终端计算机屏幕上。

给出远程登录需要链接的网上主机的地址后，就可以使用远程登录。远程登录操作对用户透明，敲入远程登录、空格及远程计算机的因特网地址便可启动远程登录，给出远程计算机名字或地址均可，一旦按下回车键，便进行登录链接。

（三）互联网与人力资源电子文件

作为信息高速公路雏形的因特网，是一个国际间的互联网络，连接了几百万台计算机网络主机，具有广泛的开放性，应用日趋普遍和深入。随着因特网的功能迅速地被开发、利用和深化，人力资源电子文件利用的网络化是一种趋势。

当代社会正逐步走向信息时代。信息时代人力资源管理活动的主要特征之一，就是人力资源信息的充分开发和有效利用。现在社会上的信息资源已经非常丰富，各种各样的信息媒体、信息系统、数据库等借助先进的计算机网络技术已经连接成一个有机的整体，为人们获得和利用人力资源信息提供了极大的方便。网络是用通信线路联系起来并共同遵守 TCP/IP 协议的各种局域网和广域网所构成的超级信息网络，是综合性的信息服务阵地。

人力资源部门可利用因特网提供多种人力资源电子文件信息服务，如网络检索、网上培训、法律法规标准公布、专题讨论、人力资源电子文件编研成果与电子文件信息发布等。通过网络，每个用户都可以利用灵活方便的网络信息服务方式，通过基于菜单的信息进行基于关键词的文本检索和基于超文本的多媒体信息浏览等，采集到丰富的人力资源信息。各级各类人力资源部门要在国际互联网上建立人力资源网站或主页，为人力资源信息共享和人力资源信息的更好的服务开辟新的渠道。

因特网面向全世界的用户，具有开放性、平等性，是服务范围最广、宣传功能最强的服务方式。其所提供的信息是开放信息，人们可以拷贝、摘抄、下载、编辑网站信息。因此，要控制提供人力资源电子文件信息的范围，对于未满开放期限的或不宜公开的人力资源信息不予上网。

四、数据库与应用

（一）数据库的特点

数据库是在一定的计算机软硬件技术支持下，按照一定方式和结构组织起来的，具有最小冗余度和较高独立性的大量相关数据的集合。数据库是现代人力资源信息开发的主要形式，能以最佳的方式、最大的共享和最少的重复为用户服务，是计算机人力资源信息管理的基本资源。

数据库是按一定规范，将文件题名、责任者、来源、页码、分类号、主题词、摘要等组织在一起的数据集合。数据库记录的各个项目称为字段，用来描述数据的属性，在长度上可以是固定的，也可以是变动的。完整的数据库由若干数据文档组成，是多种记录类型的组合，将具有相同性质的记录进行集合，涉及记录、数据聚合和数据项之间的联系，用来存储与检索有关的所有数据。

数据库中的数据按一定的数据模型组织、描述和存储，具有较高的数据独立性和可扩散性，可供各种用户共享。数据库作为一种新型信息源具有 5 个特点。

1. 多用性

数据库充分考虑多种应用的需求，从整体观点来组织数据，数据可以共享，内容可靠，存储量大，能够为用户提供尽可能多的检索途径。数据库是计算机检索系统的核心部分，其性能往往影响到整个系统的功能效率。

2. 动态管理性

数据库减少了数据的重复，避免数据的不一致。保障数据的安全性和完整性，多用户操作并行调度，易于使用，利于扩展，便于扩充修改，更新速度快，而且能根据需要随时进行建库、检索、统计、备份和恢复等多种数据管理。

3. 技术依赖性

数据库的实现是以计算机的高速运算能力和大容量存储能力为基础的，它的发展又与数据库系统开发、管理技术的进步紧密相连。虽然数据库信息源内容新颖、检索效率高，而且不受距离限制，但如果没有发达的信息技术，数据库信息源就不可能产生和发展，也不可能得到广泛普及和运用。

4. 使用价值性

数据库是存储在计算机内，有组织、可共享的数据集合，具有文件系统无法比拟的优点。数据库中的数据可以一次输入多次使用，便于计算机处理、数据传输和信息技术的多方面加工利用，冗余性小，利用率高，独立性强，共享性好，提供信息方便、快速和有效，不容易被侵权复制，保密性好，使用价值高。建立数据库的主要目的之一是数据资源共享，通过计算机信息系统为多用户服务。

5. 有机结合性

数据库是存储在某种存储介质上的相关数据有组织的集合，反映数据之间的复杂关系，便于信息的共享。数据库不是简单地将一些数据堆集在一起，而是把一些相互间有一定关系的数据，按一定的结构组织起来的数据集合。例如，单位员工的个人基本信息有编号、姓名、性别、出生日期、婚否、职务、工资、简历，这些信息数据是有密切关联的，描述了每个员工的自然情况。数据库能将描述每个员工的数据按一定方式组织起来，达到方便管理的目的。

（二）建立数据库的功能

随着数据库管理系统技术的不断发展，数据库的存储容量越来越大，检索能力越来越强，开发越来越容易，使用越来越方便。把大量的数据组织成数据库，提高了用户的信息检索效率，有利于实现信息资源共享。

1. 实现真正意义的人力资源信息共享

要实现人力资源管理信息化，首先要开发利用人力资源信息，也就是要建设数据库。数据库是存放人力资源信息的宝库，它作为信息系统资源建设的核心，已成为人力资源信息开发利用的重要标志。建设数据库，促进信息资源开发和利用，是人力资源管理信息化的发展战略。

数据库拥有一定数量的信息，并在一定的范围内提供信息利用，在人力资源管理活动中发挥了重要作用。但是我们应当看到，已建成的数据库不仅数量少，其存储的数据记录量也少，利用率不高。因此，进行人力资源信息网络化建设，开发利用人力资源信息，就必须加快数据库建设步伐。只有网络环境下的人力资源数据才具备真正的资源共享意义。要集中统一规划、分类指导，建设实现资源共享的文件计算机网络，突破单机数据库无法共享的局限，按不同数据库的特点进行开发利用。避免数据库之间数据的重复，形成各有特色、内容丰富、实用的各类文件数据库。

在人力资源数据的准备上，既要进行原文信息的存储，做好二次信息加工，还要加强人力资源信息的编研工作，开发出特定专题的人力资源信息编研成果，通过信息的再加工、再创造，提高人力资源信息的价值，使各数据库形成有各自特色的专题性数据，为社会提供人力资源信息的服务。

2. 提高人力资源信息利用效率

数据库包含文件、档案、资料等多种类型的数据。无论是建立管理网络，还是建立局域网信息管理系统，都要使用网络环境下的管理软件，实现行文管理、事务管理和业务管理各环节的自动化及文档一体化，共享网络中相关的文件、档案、图书、资料、信息编研成果等多种类型的信息。可以说，在各系统之间实现远程联网所共享的网络资源，将是多种类型的数据，这将进一步提高信息化管理水平，提高信息资源的利用效率。

3. 便于人力资源电子文件信息交流

建立数据库，形成内容丰富、种类齐全、独具特色的数据集合，可充分利用网络的优势，在网络环境下开发利用文件信息资源，在网上进行信息发布与交流。如以制作主页方式通过所在单位的网站发布信息，在网上实现交互信息、计算机检索目录等资源共享，还可加强与其他信息部门及国外同行的协作与交流等，更好地进行人力资源电子文件信息交流，实现信息的共享。

（三）数据库的分类

1. 按所含信息内容的性质分类

数据库按所含信息的性质可分为二次文献数据库、事实数据库和全文数据库。

（1）二次文献数据库，包括各种机读版的文摘、索引、目录等，又称目录数据库。其作用在于指引用户找到合适的文件信息源，也就是文件原文，从而满足其检索要求。文献数据库的开发事实上是一种计算机化的二次文献信息的生产，因而是开发文献的机读目录、题录、索引和文献的生产。

（2）事实数据库，又称文本数据库，是同时包含文本信息和数值信息的数据库，它提供经过加工的信息，利用者可直接从中查找自己所需要的文件信息。

（3）全文数据库，存储机读化的文件全文，可供全面检索电子文件信息，可用来检索电子文件原文中的任何字、句、段等。

事实数据库和全文数据库统称源数据库，其特点在于本身含有一次信息，即用户所要求获取的数值、事实或文本，可直接向用户提供所需的文件信息。源数据库相对于二次文献数据库来说，是在更深层次上对文件信息进行加工的产物。源数据库近些年来发展很快。

2. 按数据模型分类

数据库按数据模型可分为层次数据库，用树形结构表示各类实体及其相互间联系；网状数据库，用网状结构表示各类实体及其相互间联系；关系数据库，用二维表结构表示各类实体及其相互间联系。

3. 按数据形式分类

数据库按数据形式还可分为文字数据库、数值型数据库、图像型数据库等。近年来出现了将文本、数值数据、图像图形、声音结合在一起的多介质数据库，这种数据库不仅能提供静态的文本、数字或表格，还具有声形并茂的特点，是多媒体技术发展的产物。数据库技术与其他学科结合，各种新型数据库不断出现，如分布式数据库、演绎数据库、多媒体数据库。各种类型数据库的不同之处仅仅在于载体形式和使用方式。

（四）数据库系统

数据库系统是合理组织和动态存储有联系的各种数据，并对其进行统一调度、控制和使用的计算机软件和硬件所组成的系统。

数据库系统是储存、管理、处理和维护数据的系统，由数据库、数据库管理员和有关软件组成，对数据库进行集中统一的管理和控制，使数据库能够准确、及时、有效地对数据进行检索和更新操作，保证数据库的安全性和完整性。大、中、小型计算机和微机上运行的数据库系统差别大，其系统的结构和功能也有很大差异。一般来说，数据库系统应具备模式翻译、应用程序编辑、交互式查询、数据组织与存取、事务运行管理、数据库维护等功能。因此，数据库系统的数据集中、冗余减少，一切烦琐的物理存储过程由数据库系统提供的软件完成，用户不必了解数据库文件的存储细节，可以抽象地、逻辑地使用数据。

数据库是为满足多个用户的多种应用需要按一定的数据模型在计算机系统中组织、存储和使用的相互联系的数据集合。数据库系统的建立要进行需求分析，收集基本数据，对数据进行处理和分析，明确用户需求及数据库中各种数据之间的关系，决定数据库的特点和存储数据信息的主要内容，在对信息进行分类、整理等定量化和规范化处理后，将信息完整、准确地存储于计算机中。数据库系统在操作系统控制下对数据库进行建立、使用和维护，接受、分析并解释用户的命令请求，通过相应的处理程序，对数据进行加工，形成结构化的数据，以便人们共享信息。

要对数据的完整性、唯一性、安全性进行有效管理，提供各种简明的管理和控制数据的命令。用户可以通过应用程序向数据库发出查询、检索等操作命令，以获得满足不同需要的信息。

（五）数据库在人力资源管理中的运用

拥有一台计算机、一个调制解调器和适当的软件，就可以进入存储大量人力资源信息的联机数据库。不同的数据库能提供不同的信息，涵盖丰富的信息内容，有的数据库还提供进入其他数据库的服务。

数据库是人力资源管理的基础。对人力资源纸质文件的全文或目录进行计算机管理，离不开数据库。对多媒体人力资源信息进行集中统一管理，更离不开数据库。对人力资源电子信息进行管理，建立电子信息数据库系统，将成为管理的主要环节。总之，数据库在人力资源信息管理中，特别是电子文件归档和电子档案管理中，将会得到广泛应用。

数据库的利用，应有针对性、目的性。一般情况下，根据你所选择的数据库，针对信息需求，首先要提供明确具体的关键词，作为搜索信息的基本途径。数据库在接收到关键词以后自动检查其索引，然后选出含有关键词的相关信息，再把定位的信息发送出去。当接收到信息以后就可以对检索到的信息进行鉴别、挑选、整理加工，有目的地进行信息的利用。

人力资源管理者要了解和熟悉各种信息源的使用规则，掌握从人力资源的检索到计算机信息处理软件和网络通信工具软件的使用方法，充分利用数据库，学会根据工作目的收集信息，从丰富多样的信息中选择、分析和鉴别需要的信息，从而激发利用信息的潜能。要高度重视信息资源的开发利用，大力开发各种层次、系统、种类的信息资源，建立数据库，并推动信息资源的共享和利用。

数据库的实现依赖于计算机的超高速运算能力和大容量存储能力。要实现人力资源管理信息化，就要加快数据库建设，建立规模大、容量大、功能齐全、更新速度快的数据库。这些丰富而宝贵的数据库资源，将为人力资源管理信息化奠定广泛而坚实的物质基础，提供可靠的数据保障。要尽快实现数据库资源的联网化，为因特网的信息资源增添新的源泉。随着数据库系统进入因特网，以及网络信息检索和共享系统、实时多媒体系统、虚拟系统等的形成和进一步完善，必将带动网络人力资源信息开发、利用和管理的进一步发展。

第三节 企业人力资源管理信息化建设的事项

一、人力资源信息的获取

随着全球信息化进程的加快，信息已成为人类经济活动、社会活动的战略资源。人力资源信息是信息家族的重要组成部分，其重要性正日益凸显。只有加强人力资源信息的收集，拥有丰富的人力资源信息，人力资源管理信息化建设才有了坚实的基础。

（一）人力资源信息的特征与类别

信息是我们用于适应外部世界，并且在使这种适应外部世界所感知的过程中，同外部世界进行交流的内容和名称。信息就是信息，它既不是物质，也不是能量。信息是反映事物的形成、关系和差别的东西，它包含在事物的差异之中，而不在事物本身。人力资源信息具有其自身的特征和功能。

1. 人力资源信息的特征

人力资源信息属于信息的一类，是依附于一定载体的人力资源活动的信息集合。它是在人力资源的获取、整合、激励及控制调整过程中所形成的信息。人力资源信息具有信息的一般共性，也具有不同于其他信息的特殊性。分析研究人力资源信息的特征，有助于加深对人力资源信息本质的认识。

（1）共享性。在人类赖以生存和发展的自然界，可以开发利用的材料和能源是有限的，绝大多数是不可共享、不可再生的。相反，信息是无限的、可再生的。人力资源信息具有可共享性，在其交换过程中，不仅不会丧失原有信息，而且可能增值。正是人力资源信息的共享性，使信息的再利用成为可能，可以根据不同利用者的特定需求进行开发利用。

（2）时效性。人力资源具有使用过程的时效性，即人力资源的形成与作用效率要受其生命周期的限制。人的劳动能力随时间而变化。在人的少年时期，人力资源的投资始终存在但不能提供现实的产出；在青壮年时期，人力资源开始产出，并不断增大产出的质与量；到了老年时期，人力资源的产出量又由于人的体力与精力的下降而在总体上有所下降，甚至丧失劳动能力，退出人力资源范围。人力资源存在于人的生命之中，它是一种具有生命的资源，它的形成、开发、配置、使用都受到时间的限制。使用过程的时效性使人力资源信息具有时效性。这就要求人力资源部门必须做到适时开发、及时利用、讲究实效，并有效调整人力资源的投入与产出，最大限度地保证人力资源的产出，延长人力资源发挥作用的时间。人力资源信息开发使用的时间不同，所获效益也不相同。

（3）社会性。人力资源信息总是与一定的社会环境相联系的，它的形成、配置、开发和使用都是一种社会活动。从本质上讲，人力资源信息是一种社会信息资源，应当归整个社会所有。

（4）可开发性。人力资源是可以多次开发的资源。对一个具体的人来讲，他的知识和能力具有可再生性，在职业生涯结束之前，都是可以持续开发的资源。通过培训、积累、创造等过程，人们实现知识、技能的更新与素质的提升，使劳动能力持续不断地发展。人力资源信息若不加以开发利用，处于闲置状态，就会逐渐失去利用价值。应充分使用已有的人力资源信息，创造出效益。

（5）记录内容的广泛性。人力资源信息涉及人力资源管理活动的各个方面，如劳动、工资、保险福利、劳动保护、职工培训等，内容十分广泛。

（6）记录时间的经常性。人力资源管理活动是随时进行的，只要有人力资源活动，就有人力资源信息记录。随着时间的推移，形成的人力资源信息越来越多，内容也越来越丰富。

（7）记录项目的具体性。人力资源信息是对发生的人力资源管理活动的具体事实所进行的直接记载。

2.人力资源信息的类别

可以根据人力资源信息的属性和特点，选择特定的标准，将人力资源信息划分成各个类别，使之形成有机的体系。

（1）按照人力资源管理性质可以划分为以下四类。

第一，人力资源的工作计划信息。人力资源的工作计划主要指组织内部业务性的人力资源计划，一般包括招聘计划、员工流动计划、员工的培训计划、工资计划等。

第二，工作分析信息。这是对一项工作进行全面分析的评价过程，或以收集岗位信息确定完成各项工作所需技能、责任和知识的系统工程。由准备、调查、分析和完成阶段组成，进行工作分析形成的信息有各种调查问卷和观察提纲、有关工作特征的各种数据、有关工作人员必备的特征方面的信息、工作说明书、工作规范等，可以帮助人们明确各项工作之间在技术和管理责任等方面的关系，消除盲点，减少重复，提高效率。只有运用工作分析信息，才能可靠地确定组织中各种工作之间的关系结构。

第三，工作信息。包括职位头衔、薪金范围、目前空缺的数目、替代的候选人、所需要的资格、流动比率、职业阶梯中的位置。

第四，员工信息。包括传记性的资料、职业兴趣／目标、专门化的技能、教育、荣誉和奖励、受聘日期、所获得的津贴、组织中的职位、所拥有的执照和证书、薪金历史、薪金信息、绩效评分、出勤资料、所受培训、扣税信息、以前的工作经验、养老年金缴纳、发展需要、个人特点与执行工作的能力。

（2）按照人力资源的信息源可以划分为以下两类。

第一，动态信息。是指直接从个人或实物信息源中发出，且大多尚未用文字符号或代码记录下来的人力资源信息。

第二，静态信息。是指经过人的编辑加工并用文字符号或代码记录在一定载体上的人力资源信息。

（3）按照人力资源信息获取途径，可以分为以下两类。

第一，公开信息。是指来自大众传播媒介、公共信息服务或其他公开渠道的人力资源信息，其传递和利用范围没有限制。

第二，非公开信息。是指来自非公开渠道，甚至采取了一定保密措施的人力资源信息，其传递和利用范围较小或受到严格限制。

（4）按照对人力资源信息加工的程度可以分为以下三类。

第一，一次信息。未经加工的、零散的、不系统的原始人力资源信息。

第二，二次信息。在一次信息基础上加工而成的人力资源信息。

第三，三次信息。在二次信息的基础上经综合分析形成的深层次人力资源信息。

（二）人力资源信息获取的方法

1. 观察法

观察者在工作现场通过感觉器官或利用其他工具，观察员工的实际工作运作，用文字或图表形式记录下来，获取工作信息。"科学管理"的观点就是建立在观察计量的实证基础之上。观察法能观察、记录、核实工作负荷及工作条件，观察、记录、分析工作流程及工作内容、特点和方法，以便提出具体的报告。

（1）观察法的特点。观察法有以下五个特点。

第一，在日常、自然状态下进行。观察法是在一种日常的、自然状态的情况下进行的调查，在不打扰被调查对象的前提下，对被调查对象的行为进行系统观察和记录。

第二，能获得真实、生动的信息。直接获得准确性较高的第一手信息资料，能较真实反映事物发展的内在规律。因此，观察的资料比较真实、生动。

第三，可以借助设备观察。观察一般利用眼睛、耳朵等感觉器官去感知观察对象。由于人的感觉器官具有一定的局限性，观察者往往借助各种现代化的仪器和手段，如照相机、录音机、显微录像机等来辅助观察。可用摄像机记录员工工作过程，用有关仪器测量工作环境中的噪声、光线、湿度、温度等。

第四，适用于标准化程度高的工作。采用观察法主要是对工作人员的工作过程进行观察，记录工作行为各方面的特点，了解工作中所使用的工具设备，了解工作程序、工作环境和体力消耗。因此，观察法适用于标准化或大部分标准化的、周期短的、以体力活动为主的工作，收集强调人工技能的工作信息。如观察车工的工作，可以帮助工作分析人员确定体力劳动与脑力劳动之间的工作活动关系。而不适于工作周期比较长及以脑力劳动为主的工作，如高层管理者、研究人员或建筑设计师的工作。

第五，通常与访谈法结合使用。观察前可以先进行访谈，这有利于把握观察的大体框架，达成双方相互了解，建立一定的合作关系，使随后的观察能更加自然、顺利地进行。观察过程中可以进行访谈，访谈前最好已经观察积累了一定信息，以便通过访谈进一步了解观察中没有获得的工作活动情况。通常情况下是观察后再进行访谈，这样可以集中精力充分观察员工的工作，减少员工因分散注意力而不按常规操作的可能。

（2）观察法的形式。由于观察的目的不同，可以选用不同的观察法。按观察者是否直接参与被观察者所从事的活动，可分为参与式观察与非参与式观察。在参与式观察中，观察者亲自参与被观察者的工作，与被观察者建立比较密切的关系，在相互接触与直接体验中倾听和观察被观察者的言行，获取有关的信息。而非参与式观察，不要求观察者直接参与被观察者的工作活动，而是以"旁观者"的身份来了解事物发展的动态。在条件允许的情况下，观察者可以采用录像的方式对现场进行观察。

（3）采用观察法获取信息的要求。观察前必须明确观察的目的和意义，收集有关观察对象的信息，了解工作行为本身的代表性，确定观察对象、时间、地点、内容和方法。观察前应制定详细的观察提纲，简明地列出观察内容、起止时间、观察地点和观察对象，对观察内容进行明确分类。为使用方便还可以制成观察表或卡片。

观察时要做到客观和精确，善于详细记录同观察目的有关的事实，并以此为基础进行整理、分析，概括观察结果，做出结论。为了能更精确地研究员工的心理特征，可以利用照相、摄影摄像、录音设备。尽量使观察环境保持平常自然，注意被调查者的隐私权问题。现场观察时不能干扰工作者的正常工作，尽量取得工作者的理解、合作。为了观察到真实而有代表性的目标，还要尽量隐蔽自己的观察行为。

2.面谈法

面谈法是通过谈话获取人力资源信息的方法。通过面对面的交谈，由工作者讲述工作的内容、特点和要求，用简短的语言说明长期的工作体会和感想，传递信息。

（1）面谈法的特点。面谈法有以下四个特点。

第一，方法灵活。不受任何限制，没有固定的格式，可以一般地谈，也可深入详细地谈，它涉及的问题可能很广，也可能较窄。这种方式的优点是问卷或调查表回收率较高且质量易于控制。其缺点是调查成本比较高，调查结果受调查人员业务水平和被调查者回答问题真实性的影响很大。

第二，对面谈时间、场所有要求。为了收到较好的面谈效果，面谈时间和场所应该精心选择，特别是不能有外人打扰，坚持"一对一"面谈的原则。

第三，获得信息的真实性需要鉴别。被访谈者在回答问题时，可能有夸大或隐藏事实的情况，甚至会扭曲事实，这就要求对面谈获得的信息进行综合分析和鉴别，选择真正有价值的信息。

第四，适用于获取较深层次信息。是工作分析中广泛应用的方法，在不能直接观察、不甚了解或工作耗时太长的情况下采用。

（2）面谈法的主要形式。

第一，个别访谈。对员工进行的个人访谈。

第二，群体访谈。对做同种工作的员工群体进行的访谈，通常用于大量员工做相同或相近工作的情况，可以迅速了解工作内容和职责等方面的情况。

第三，主管人员访谈。对完全了解被分析工作的主管人员进行访谈。

（3）面谈法步骤。

第一，事先征得员工直接上级的同意，获取直接上级的支持。

第二，在无人打扰的环境中进行面谈。

第三，向员工讲解面谈的意义，介绍面谈的大体内容。

第四，访谈者轻松地开始话题。

第五，鼓励员工真实、客观地回答问题。

第六，职务分析人员按照面谈提纲的顺序，由浅至深地进行提问。

第七，营造轻松的气氛，使员工畅所欲言。

第八，注意把握面谈的内容，防止员工跑题。

第九，在不影响员工谈话的前提下，进行谈话记录。

第四，在面谈结束时，让员工查看并认可谈话记录，面谈记录确认无误后，完成信息收集，向员工致谢。

（4）面谈应注意的问题。面谈时，应该注意以下问题。

第一，选好面谈对象。选择对工作最为了解的员工及最有可能对自己所承担工作的任务和职责进行客观描述的工作承担者，选择职工中的典型代表。

第二，面谈双方建立一种融洽的关系。面谈时应尽快与被访谈者建立起融洽的关系，简要介绍访谈目的，解释访谈对象选择的基本考虑，用通俗的语言交谈，做到尊重人、对人热情、态度诚恳、用语适当，形成一种融洽、轻松的气氛。

第三，设计一份指导性问卷或提纲。面谈时最好按照具有指导性的问卷或提纲提问，确保获得有价值的信息，确保每一个被访谈对象都有机会回答应该回答的问题，必要的问题不遗漏。可以设计一些开放性问题，给被访谈者回答问题留有一定的发挥余地。

第四，将偶然发生的工作列举出来。完成工作任务的方式不是很有规律的情况下，如工作承担者不是在一天的工作中重复相同的工作，应当要求工作的承担者按照任务的重要性和发生频率将它们一一列举出来。这样就可以确保了解到那些虽然只是偶然发生但也同样比较重要的工作内容和职责。

第五，注意修正偏差。有时被访谈者会不客观地反映其职位情况，如把一件容易的工作说得很难或把一件难的工作说得比较容易。这就需要将与多个同职者访谈所收集的信息对比加以校正。

第六，谈话要有技巧。面谈时要避免命令式，采取启发式，引导被访谈者讨论关键工作问题，避免发表无关的观点和意见，防止转移面谈的中心话题。

第七，谈话内容重点突出。面谈内容应重点突出，在进行一般情况交流的基础上，深入工作重点、难点，获取更多的细节信息。

3. 问卷法

问卷法是指由人力资源部门根据需要，制定相关的调查问卷，对员工进行调查的一种方法。调查者把标准化问卷发给员工，员工通过填写问卷来描述其工作中所包括的任务、职责、行为、环境特征等。为了了解员工的真实感受，调查问卷可以不署名，但是被调查人的岗位名称等基本材料要填写清楚。

问卷法具有统一、客观、高效的特点，是人力资源信息获取的重要手段之一。

问卷法根据特定的工作、特定的目的来进行问卷设计，对简单体力劳动工作、复杂管理工作均适用，特别是对远距离调查更显其优越性。它既可以测量外显行为，如思想态度、职业兴趣、同情心，也可以测量自我对环境的感受，如欲望的压抑、内心冲突、工作动机等。

问卷法收集信息，成本低，用时少，调查面广，数据规范，适合用计算机进行统计分析。获得信息较为客观，被调查者在不受别人干扰的情况下，可以充分考虑，自由地表达意见，比较真实地反映自己的态度和观点。获得的信息全面、有针对性，可在问卷上得到较为满意与可靠的答案。

问卷法使用不当，会影响信息获取的效果。问题含糊不清，不能得到确实的回答；所选调查对象没有很强的代表性，很难真实反映总体情况；问题设计不理想，难以应用统计方法分析和对结果进行科学解释；问卷多为封闭式，不能充分说明被调查者的态度；如果员工的表达能力或理解能力较低，就难以收集到准确的信息。

4. 现场工作日记法

现场工作日记法是让员工用工作日记的方式记录每天的工作活动，作为工作活动信息。员工要将自己在一段时间内的所有活动按照时间顺序以日记的形式系统记录下来，提供非常完整的工作图景，提供其他信息收集方法无法获得的细节信息。现场工作日志法如果与面谈法结合运用，效果会更好，可以了解工作的实际性内容，以及在体力、环境等方面的要求。

5. 功能性工作分析法

以职工所需发挥的功能与应尽的职责为核心，列出需加以收集与分析的信息类别，规定工作分析的内容。工作分析数据有两类：第一，实际工作信息，如工作内容、工作特点；第二，工作承担者信息，如描述工作承担者的特点、要求。其中，工作承担者的特点包括正确地完成工作所必需的培训、能力、个性、身体状况等方面。按上述内容，人力资源工作者可以有针对性地收集信息并加以比较、分类，形成详细的工作说明书与工作规范。

6. 技术会议法

召集管理人员、技术人员举行会议，讨论工作特征与要求。由于管理人员和技术人员对有关工作比较了解，尤其是比较了解工作的技术特征和工艺特征，所以他们的意见对获取有效的工作分析信息至关重要。

为了获取全面、真实、准确、有价值的信息，应从实际出发，根据人力资源信息利用的需求，权衡各种方法的利弊，选择适宜的信息获取方法，拓宽收集信息的渠道，充分利用各种有利条件，多渠道、广泛收集信息。

（三）人力资源信息获取的原则

信息获取是信息得以利用的第一步，也是关键一步。信息获取好坏，直接关系到整个信息管理工作的质量。为了保证人力资源信息获取的质量，应坚持以下三个原则。

1. 准确性原则

是信息获取工作的最基本的要求，即获取到的人力资源信息要真实、可靠。

为达到这一要求，信息收集者必须对获取的信息反复核实、不断检验，力求把误差降到最小。

2. 全面性原则

获取到的人力资源信息要广泛、全面、完整。只有广泛、全面地收集信息，才能完整地反映工作活动发展的全貌，为决策的科学性提供可靠依据。

3. 时效性原则

信息的利用价值取决于该信息是否能及时地提供，即它的时效性。人力资源信息只有及时、迅速地提供给使用者才能有效地发挥作用。

二、人力资源信息的整理

人力资源信息建设过程中，既要不断地丰富人力资源信息，同时也要对获得的信息进行整合，通过整理、加工使人力资源信息系统化、有序化。

人力资源信息整理是将收集到的人力资源信息按照一定的程序和方法进行科学加工，使之系统化、条理化、科学化，从而能够反映人力资源管理总体特征。人力资源信息整理是信息得以利用的关键，既是一种工作过程，又是一种创造性思维活动。

从各种渠道获得的人力资源信息主要是反映人力资源总体活动的原始信息，比较分散、不系统，仅仅反映工作活动的表面现象，不能深刻地说明工作活动的本质，揭示人力资源活动的发展规律，需要进行进一步加工和整理，发挥信息的整体功能。

通过整理可以发现人力资源信息收集过程中的不足，以便进行补充收集，为今后的信息收集积累经验。因此可见，整理决定了人力资源信息的科学价值，能够更好地发挥信息的真正效用，提高信息利用效率和利用价值。

（一）人力资源信息的筛选

筛选是对信息的再选择，表现为对收集到的大量信息进行鉴别和选择，去粗取精，去伪存真，摒弃虚假和无效的信息，提取真实、有价值的信息。

信息筛选是对各种信息进行比较、选择，淘汰无用或价值不大的信息。选择与人力资源管理密切相关的信息，选择带有导向性的重要信息，选择与工作活动紧密相关的信息。

信息筛选对提高信息的利用率起着至关重要的作用，必须掌握信息筛选的要求。用科学的态度与方法进行筛选。注意挑选对人力资源活动有指导意义、与业务活动密切相关的信息；注意挑选带有倾向性、动向性或突发性的重要信息，分析信息需求，结合中心工作或解决特定问题的需要筛选信息；注意挑选能预见未来发展趋势，为决策提供超前服务的信息；坚持信息数量和质量的统一。

要依据一定标准判断信息的价值。判断标准是：适用性，看所获得的信息是否合乎需要；时效性，看信息是否已过时，过时的信息会大大减小其效用；可靠性，看信息是否真实、全面地反映人力资源管理活动的本质特征；简明性，简明扼要的信息能够抓住问题的实质与关键。

（二）人力资源信息的分类

对收集的人力资源信息要进行归纳分类，根据信息的特征将同一种类的信息集中在一起，方便查找使用，为信息加工打下基础。

1.分类的程序

人力资源信息的分类过程包括辨类和归类。

（1）辨类。对人力资源信息进行类别的分辨。辨类实际上是对人力资源信息进行主题分析，分辨其所属类别的过程。通过辨类，把有关信息归入分类体系中的相应类目。

（2）归类。人力资源信息经过辨类，要进行归类。归类是从主题分析转换成分类存放，即依据辨类的结果，使人力资源信息在分类体系中各就各位的过程。在归类中，由于信息可能从不同的角度反映和表现不同的主题内容，为了便于有效利用，有必要使用多种检索工具进行多角度揭示。

2. 分类的方法

对人力资源信息进行分类是为了便于存放和查找，提高信息利用的效率。要根据组织的工作特性，以及信息的相互联系、特点和保存价值，慎重选择适宜的分类方法。

（1）字母分类法。按照字母的排列顺序分类。通常是按姓名、单位名称、信息标题等的字母顺序分类组合。按字母排列的规则是，按第一个字母顺序排列前后次序；第一个字母相同则按第二个字母顺序排列，依次类推。第一个字母表示文档在文件柜中存放位置最初的索引，第一个字母以后的字母决定文档的准确位置。字母分类法的特点是，不需要索引卡片，分类规则容易掌握，操作简单，查找比较方便，能与其他分类法结合运用。

（2）数字分类法。指将信息以数码排列，每个人或每一专题给定一个数码，用索引卡标出数码所代表的类别。索引卡按所标类目名称的字母顺序排列，放在索引卡的抽屉里。当要查找信息时，先从索引卡中按字母顺序找出姓名或专题名，得到信息的数码，在相应的文件柜中找出标有该数码的案卷。为了更方便查找，可编制按姓名字母顺序排列的索引，每个姓名对应一个数码。在计算机日益普及的今天，数码分类法越来越受到人们的重视，它简便易行，适于计算机储存。

（3）主题分类法。是按信息内容进行分类的方法，主要根据信息标题或主题词分类。主题分类法使相关内容信息材料集中存放，可以方便检索。为了全面、准确地反映主题，便于利用，可以按多级主题分类。信息最重要的主题名称作为首要因素，次要的主题作为第二个因素，依次类推。可用最基本的分类导片标示出各类信息的主题内容，各主题之间根据字母顺序排列。主题分类法的特点是，相关内容信息集中存放，信息能按逻辑顺序排列，方便检索。

（4）时间分类法。按信息形成先后顺序分类的方法，要以年月日的自然顺序排列。如果信息的形成日期相同，则按信息内容的重要程度排列。时间分类法可与其他方法结合运用。时间分类法的特点是，可用作大型信息系统的细分；一个案卷内部的信息可按时间排序。

总之，人力资源信息分类方法很多，不同类型的信息可有不同的分类方法，采用何种分类方法，应根据人力资源管理活动的需要确定。

三、人力资源信息的存储

人力资源信息存储是对整理后的信息进行科学有序的存放、保管，以方便使用。它有两层含义：一是将整理加工后的信息，按照一定规则，记录在相应的信息载体上；二是将各种信息载体，按照一定特征和内容性质组成系统有序的、方便检索的集合体。

（一）存储的特性

1. 价值性

人力资源信息内容丰富、数量庞大。选择有使用价值的人力资源信息进行存储，可以减少人力、财力、物力的消耗，提高信息工作质量。

2. 时效性

存储人力资源信息要按其内容确定存储期，对已过期信息要及时进行调整和清理。

3. 科学性

存储人力资源信息要尽可能地采用现代化的手段，逐步淘汰容量小、密度低的存储手段，采用容量大、密度高的现代化存储手段；要对信息进行科学分类存储；在信息管理中，信息存储的方式、分类的体系要便于更新；运用科学的保管方式，防止信息的损坏、失密。

4. 方便性

存储人力资源信息要为检索服务，有利于检索工作的进行。要满足检索方便、输出迅速、使用及时的需要，保证信息存储的系统性和完整性，便于利用。对信息的存放、排列、存放的检索工具的编制，必须考虑使用时的方便。

5. 安全性

人力资源信息是组织的重要资源，存储的信息不能发生丢失和损毁。不仅要注意采用先进的保存技术，而且要做到防潮、防虫、防火、防损，注意计算机信息安全。

（二）存储的程序

信息存储是一个信息不断积累和规范化、科学化的过程，主要由登记、编码、存放排列、保管等工作环节构成。

1. 登记

登记即建立信息的完整记录，系统地反映存储情况，便于查找和利用。

2. 编码

为了便于信息的管理和使用，适应电子计算机处理的要求，对登记储存的信息要进行科学的编码，使之科学化、系列化。信息编码必须标准化、系统化，满足管理的需要和利用者的要求，结构易于理解和掌握，有广泛的适用性，易于扩充。

信息编码的方法有：顺序编码法，按信息发生的先后顺序或规定一个统一的标准编码。可按数字、字母、内容的顺序排列编号。分组编码法，利用十进位阿拉伯数字，按后续数字来区分信息的大、小类，进行单独的编码。

3. 存放排列

存放排列有以下四种方法。

第一，时序排列法。按照接收到信息的时间先后顺序排列，即按信息登记号先后顺序排列。时序排列法简便易行，但分类不清，不便于按照内容查找信息。适用于信息不多、服务对象比较单纯的组织。

第二，来源排列法。按照信息来源的地区或部门，结合时间顺序，依次排列，便于查找信息源。

第三，内容排列法。按信息所反映的内容分类排列，可依据信息分类号码的大小排列。

第四，字顺排列法。按信息的名称字顺排列。

4.保管

保管是对信息的保护和管理，是对经过整理的信息进行的日常维护、保护性管理工作。信息保管工作的基本任务是：维护信息的实体秩序状态，使信息的存放和使用始终有序，使信息在存放和使用中不受人为或自然因素的损害。保管关系到信息的安全、完整和使用寿命。

信息保管的内容主要包括合理确定人力资源信息保存时间，做好日常保管，做到防火、防潮、防高温、防虫害、防丢失、防泄密，定期或不定期地进行清点，加强维护管理，及时发现和解决存储中的问题，及时更新、不断扩充新的信息。

四、人力资源电子文件信息的积累

（一）电子文件积累的必要性

1.防止草稿性电子文件的自生自灭

电子文件常常自生自灭，处于可有可无的散乱状态，随时间的流逝逐渐丢失。电子文件的多用途快速检索、传递及同时满足多用户的优势得不到充分体现，造成资源的浪费。而且，在一些草稿性电子文件中，包含着许多重要的修改过程信息，具有查考价值，应列为归档内容进行保存。对工作中形成的草稿性电子文件，应根据文件的重要程度和文件管理水平确定是否保留，以便充分发挥其价值作用。

2.加强辅助性电子文件管理

组织在信息化建设过程中，仍然将纸质文件作为正式文件，但已开始把电子文件作为辅助性文件使用。既通过网络发送电子文件，提高信息处理效率，又按正常程序发送纸质文件，确保信息的真实性。但是，一旦纸质文件到位，电子文件就常常处于无人管理的状态。这些辅助性电子文件的数量比较大，导致一些组织由于电子计算机系统的存储容量不够，为了接收新的电子文件而清除部分原来的电子文件，甚至随意进行电子文件的更改、删除，使其真实性、完整性受到影响。应将辅助性电子文件妥善管理，并与正式文件建立对应的标识关系，以备将来作为数字化信息开展网上利用。

3.便于电子文件的保管

很多组织把在计算机办公或事务处理系统中形成的电子文件，直接存储在硬盘存储器上，一旦系统出现故障或被病毒感染，就容易造成数据的损失。因此，必须在电子文件生成时，就注意对电子文件的收集，随时备份，并脱机保存于耐久性的载体上。保留电子文件的同时，特别要注意收集电子文件形成的设备环境数据，避免系统被毁导致其生成的电子文件难以读取。

（二）电子文件的积累范围

电子文件的形式有文本文件、图形文件、图像文件等。要按照电子文件收集的有关规定，根据电子文件的特性进行收集。收集对日后工作有参考利用价值的电子文件，以及电子文件的软硬件系统设备材料。对未列入接收归档范围的电子文件，有的也需要收集。因为有时需要针对某方面内容进行补充归档或扩大归档。这就需要了解未列入接收归档范围的电子文件形成、承办情况，及时主动收集。

（三）电子文件的积累过程和方法

使用载体传递的电子文件的收集，应及时按照要求制作电子文件备份，使之保持常新的状态，防止信息丢失。每份电子文件均需在电子文件登记表中进行登记、签署，并将其与电子文件备份一起保存。如已将电子文件登记表制作成电子表格，应与文件备份一同保存，并附纸质打印件。对需要更改处理的，要填写更改单，按更改审批手续进行，并存有备份件，防止出现差错。

在网络上进行的电子文件的收集，由于记录系统设计有自动记录的功能，可以自动记载电子文件的产生、修改、删除、责任者、入数据库时间等相关内容。

在进入数据库之前，对记录有文件标识的内容进行鉴定。

第四节　人力资源管理信息化的开发应用

一、信息技术的广泛应用

迄今为止，人类所经历的重大技术革命中，农业革命使人类社会从游牧社会过渡到农业社会，工业革命又使人类社会实现了从农业社会向工业社会的成功跨越，而目前正在进行的信息技术革命日益广泛和深刻地影响着经济增长方式、产业结构、市场结构、就业结构、消费结构乃至人们的生活方式与社会文化的各个方面，把人类社会从工业社会推向信息社会。信息社会最具代表性的特点是信息技术的广泛应用。

计算机技术与现代通信技术一起构成了信息技术的核心内容。通信技术迅猛发展，从传统的电话、电报、收音机、电视到如今的移动电话、传真、卫星通信，已成为办公自动化的支撑技术。人们利用现代通信方式使数据和信息的传递效率极大提高，使过去必须由专业的电信部门完成的工作，可由行政、业务部门办公室的工作人员直接方便地完成。计算机技术同样取得了飞速发展，体积越来越小，功能越来越强，计算机广泛应用于各个领域。企业管理信息系统的建立促进了企业管理科学化、现代化；计算机文字处理系统的应用使人们改变了原来的工作方式；光盘的使用使人类的信息存储能力迅速提高，出现了电子信息；多媒体技术的发展使音乐创作、动画制作等成为普通人可以涉足的领域。

现代信息技术的发展远远超出了人们的想象。以计算机和网络技术为平台，信息技术使人类社会走向信息时代，极大地改变了人类的实践、交往方式，为人类提高自身实践的效率与效益提供了全新的手段。在现代信息技术支持下，世界变成了"地球村"，人们的时空观念、思维模式、工作与生活方式都发生了巨大变化。

现代信息技术的发展使整个世界发生了巨大的变革，也对传统的人力资源管理理念和管理方式产生了巨大的冲击，给人力资源管理带来巨大的变化，使人力资源管理呈现管理对象信息化、工作方式计算机化、服务方式网络化、形成信息多样化等特征。可以预见，社会变革和技术进步必将进一步全方位地改变人力资源工作的面貌，从管理对象到管理范围、管理手段、管理方式、管理体制都发生了改变。

在当今高度发达的信息社会，人力资源管理正面临着空前的机遇与挑战。现代信息技术，特别是计算机和通信技术的发展是推动人力资源管理信息化的必要条件。信息技术在人力资源管理中的应用不仅为人力资源管理活动提供了有效的工具，这些新技术进入人力资源管理领域后，还为人力资源管理增添了新的内容。网络招聘、网络培训、网络测评，为人力资源管理注入了新的活力。

在今天的网络化时代，我们必须认识到人力资源管理网络化的趋势，适应时代的要求，及时改革人力资源管理体系，使计算机和网络成为人力资源管理借助的主要手段，利用网络信息技术为人力资源管理搭建一个标准化、规范化、网络化的工作平台，构成全方位的管理功能，节约管理成本，使管理上一个新的台阶，获得竞争优势的支撑点。

随着社会经济的发展和计算机的普及，信息技术越来越广泛应用于人力资源管理，人力资源管理正经历着一场深刻的变革，改变传统的人力资源管理模式，构造现代人力资源管理的新体系。

二、计算机辅助测评的应用

计算机辅助测评技术，在人才选拔、人力资源开发与管理等领域，逐渐显示出越来越高的应用价值和广阔前景。

信息化为人格、能力的提升提供了可能，带动了人才测评理论与方法的变革，也促使计算机辅助测评蓬勃发展，测评应用软件、系统仿真软件、个性测评系统不断问世并投入使用。计算机辅助测评的应用价值逐渐被人们所认识，并得到了日益广泛的应用。

正确地选择和用人，是在激烈的竞争中取胜的关键。作为一个合格人才，既要精通专业知识，也要具备忠诚敬业、心理健康、责任感、管理能力、协调能力、创新能力等一系列综合素质。这就要求人力资源部门用现代人才观和科学的方式甄选人才，不再局限于通过传统的面试、面谈、翻阅档案等方式，凭主观和经验判断评价人才，而是利用心理学和行为学的科学成果，运用计算机技术，对人才进行测评，达到客观、真实、有效地甄选人才的目的。

可以通过计算机辅助测评，为人才预测与规划、培养与使用、配置与管理提供依据。

进行计算机辅助测评要选好测评对象，根据测评人员或单位情况及其要求，确定适宜的测评项目和方法。在组织实施测评的过程中，对于测试要求简单的测评，依据测评的名称、所定制的试题、参加测评的具体人数、测评的开始时间和结束时间，开通测评项目，进行人机对话的测试。对于较为复杂的测评，简单的人机对话式的测试不能满足测评要求，需要进行情景模拟测试，还需要有专门人员对被测评者进行操作上的指导。测试完成，要对测评结果进行分析评价，并出具评价报告书。测试报告的基本内容有：测评机构和测评说明；被试者的个人信息，包括编号、姓名、性别、年龄、教育程度、岗位、职务等；测评项目，多个测评项目需要按顺序排列；测评结果展示；书面的测验结果分析；总评；专家复核意见；报告撰写人和复核人及日期。随着人才测评工作的不断深入，计算机辅助测评技术作为一种人才识别和评价的科学手段，以其定量测试与定性分析相结合的显著特点，在人才选拔招聘中越来越被人们所重视。

随着信息化的发展，人才测评工作必将接受信息技术的改造，逐渐向计算机辅助测评过渡。计算机辅助测评有着新的特点和应用，其主要优势体现如下。

（1）经济性。计算机辅助测评集小组讨论、公文处理、结构化面试等测评方法于一体，具有强大的数据处理和情景模拟能力，模拟现实中的诸多测评方法，使测评能够随时随地大规模进行，节省大量人力、物力、财力、时间，降低了测评的经济成本。

（2）简易性。计算机辅助测评可以将复杂的测评要素、项目经过科学提炼、归纳，使之简单化、科学化，更容易操作和评价，实现测评设计的复杂性与测评结果的简洁性的统一。

（3）科学性。计算机辅助测评获得大量数据，用统一的数据库进行管理，为不断提高测评的信度和效度，提供强有力的数据支撑。网上测评能够随时检测信度和效度，确保测评数据的科学性与准确性，克服主观因素的影响。使测评结果真实可靠，提高测评和分析的质量。

（4）实效性。计算机辅助测评能够在人机互动中实现测评。既可以集测评与评价于一体，在测评之后直接呈现测评结果，也可以实现测评与评价的分离，将测评结果交予专家进行点评，保证测评结果的合理性。

（5）客观性。计算机辅助测评能够事先充分考虑人为因素的干扰，采取技术手段予以屏蔽和排除，最大限度地做到过程客观、程序公平，反映受测者的真实状态，克服人为因素的干扰，体现人才测评的科学性。

（6）时代性。计算机辅助测评适应了信息时代测评发展的要求。信息化社会呼唤着测评方法、内容、形式的新发展，现代的人才测评需要适应各种变化，就必须注重测评的动态性、便捷性、连续性等。而这些新要求是一般测评方法难以实现的。计算机辅助测评的发展，为解决测评中出现的问题提供了方案。计算机辅助测评具有操作简捷、智能化程度高、测评报告图文并茂、实用性强、无须配备专业人员的特点。特别是计算机辅助测评的交互性、人机界面的日渐人性化、计算机数据处理及仿真模拟能力的日益强大，使测评不断获得新的内涵与形式。

计算机辅助测评是对一般测评方法进行了顺应时代的改造，是诸多人才测评方法在计算机上的再现，它实现了对一般人才测评方法的综合，并为之提供了更广阔的舞台。

在信息化的带动下，建立在坚实的管理和成熟的系统配置基础上，信息技术已经广泛应用于人力资源管理的诸多环节。

三、信息技术在信息管理中的应用

随着信息技术在人力资源管理中的应用，产生了大量的人力资源电子信息，已经形成的纸质文件信息有的也转化为数字化信息，形成了丰富的人力资源信息库。

人力资源信息库是企业的资源，其提供的信息是正确决策和科学管理的依据。要根据电子信息的特性和管理原则建立信息库，将相关联的信息集合在一起，提供系统、有序的信息供管理者和员工参考。一般来说，人力资源信息库主要有：员工基本信息，包括员工姓名性别、员工代号、员工身份证号码、工作单位、职务名称、教育程度、录用日期、专业领域等；待遇信息，包括工资、工资级别、待遇来源、奖金给予等；出勤信息，包括缺席次数、时间、出勤奖金等；工作信息，包括工作类型、工作量等；医疗信息，包括病历、住院等；退休信息，包括退休日期、服务年资、退休指数等；保险信息，包括健康、人寿、工伤等；离职信息，包括离职日期、原因；特殊项目信息，这个项目通常储存叙述性的文字，对员工的状况有更清楚的记载。

目前，一些企业建立了内部计算机网络，还有的企业建立了人力资源信息联网系统，用联网计算机存储和处理人力资源信息。管理者和员工可以借助计算机查询有关的规章和政策，查找工资、福利和退休计划。在职务晋升、工资增长、职业教育等方面充分利用信息，为各项工作活动服务，为员工职业发展提供依据。

总之，计算机在人力资源管理中的应用，减少了人力资源管理部门的冗员、成本和工作量，减少了人力资源部门的非增值性的活动，使人力资源部门可以集中精力做好人力资源的管理和开发利用工作。

参考文献

[1] 钱玉竺.现代企业人力资源管理理论与创新发展研究 [M].广州：广东人民出版社，2022.

[2] 张岚，王天阳，王清绪.企业高绩效人力资源管理研究 [M].长春：吉林文史出版社，2022.

[3] 邓艺琳.劳动经济学原理与人力资源管理研究 [M].哈尔滨：北方文艺出版社，2021.

[4] 李继红，王振荣，刘金辉.知识经济时代下的人力资源管理研究 [M].北京：中国商务出版社，2023.

[5] 薛丽红，丁敏，宗娜.战略性人力资源管理对组织效能的影响研究 [M].长春：吉林科学技术出版社，2021.

[6] 梁金如.人力资源优化管理与创新研究 [M].北京：北京工业大学出版社，2022.

[7] 赵滨，李琳，李新龙.经济管理与人力资源管理研究 [M].北京：中国商务出版社，2023.

[8] 刘大伟，王海平.高质量发展视域下企业人力资源管理伦理研究 [M].武汉：华中科技大学出版社，2022.

[9] 李佳明,钟鸣.21世纪人力资源管理转型升级与实践创新研究[M].太原:山西经济出版社，2020.

[10] 焦艳芳.人力资源管理理论研究与大数据应用 [M].北京：北京工业大学出版社，2022.

[11] 杨园.当代人力资源管理创新实践研究 [M].北京：北京工业大学出版社，2023.

[12] 任广新.人力资源优化管理研究 [M].北京：北京工业大学出版社，2021.

[13] 蒋俊凯，李景刚，张同乐 . 现代高绩效人力资源管理研究 [M]. 北京 : 中国商务出版社，2020.

[14] 吴艳华 . 企业管理与人力资源建设研究 [M]. 北京 : 中国商务出版社，2023.

[15] 刘敬涛，叶明国 . 企业管理与人力资源战略研究 [M]. 北京 : 中国原子能出版社，2022.

[16] 欧立光 . 信息化背景下企业人力资源管理创新研究 [M]. 长春 : 吉林大学出版社，2021.

[17] 温晶媛，李娟，周苑 . 人力资源管理及企业创新研究 [M]. 长春 : 吉林人民出版社，2020.

[18] 徐祥芸 . 战略人力资源管理与企业竞争优势研究 [M]. 青岛 : 中国海洋大学出版社，2022.

[19] 苏永强 . 人力资源管理战略与效能研究 [M]. 北京 : 北京工业大学出版社，2022.

[20] 张景亮 . 新时代背景下企业人力资源管理研究 [M]. 长春 : 吉林科学技术出版社，2020.

[21] 孙茜 . 现代人力资源管理与开发研究 [M]. 长春 : 吉林教育出版社，2021.

[22] 李陆一，杨义成，陈弘峰 . 经济与人力资源管理创新研究 [M]. 沈阳 : 辽宁科学技术出版社，2022.

[23] 赵晓红，臧钧菁，刘志韧 . 行政管理与人力资源发展研究 [M]. 长春 : 吉林人民出版社，2021.

[24] 邓斌 . 基于大数据背景下人力资源管理模式创新研究 [M]. 长春 : 吉林人民出版社，2020.